CODE CRIMINEL

DE LA FRANCE.

PREMIÈRE PARTIE.

Deuxième Édition.

A Cologne à la Librairie de Keil
1811.

CODE

D'INSTRUCTION

CRIMINELLE.

(On y a joint toutes les lois et décrets impériaux organiques ainsi que des formules pour les magistrats et officiers ministériels.)

DEUXIÈME ÉDITION.

A Cologne à la Librairie de KEIL
1811.

CODE
D'INSTRUCTION CRIMINELLE.

(Loi décrétée le 17 Novembre 1808, promulguée le 27 du même mois.)

DISPOSITIONS PRÉLIMINAIRES.

Art. 1.er L'action pour l'application des peines n'appartient qu'aux fonctionnaires auxquels elle est confiée par la loi.

L'action en réparation du dommage causé par un crime, par un délit ou par une contravention, peut être exercée par tous ceux qui ont souffert de ce dommage.

2. L'action publique pour l'application de la peine s'éteint par la mort du prévenu.

L'action civile, pour la réparation du dommage, peut être exercée contre le prévenu et contre ses représentans.

L'une et l'autre action s'éteignent par la prescription ainsi qu'il est réglé au livre II, titre VII, chapitre V, *de la Prescription*.

3. L'action civile peut être poursuivie en même temps et devant les mêmes juges que l'action publique.

Elle peut aussi l'être séparément; dans ce cas, l'exercice en est suspendu, tant qu'il n'a pas été prononcé définitivement sur l'action publique intentée avant ou pendant la poursuite de l'action civile.

4. La renonciation à l'action civile ne peut arrêter ni suspendre l'exercice de l'action publique.

5. Tout Français qui se sera rendu coupable, hors du territoire de France, d'un crime attentatoire à la sûreté de l'État, de contrefaction du sceau de l'État, de monnaies nationales ayant cours, de papiers nationaux,

de billets de banque autorisés par la loi, pourra être poursuivi, jugé et puni en France, d'après les dispositions des lois françaises.

6. Cette disposition pourra être étendue aux étrangers qui, auteurs ou complices des mêmes crimes, seraient arrêtés en France, ou dont le Gouvernement obtiendrait l'extradition.

7. Tout Français qui se sera rendu coupable, hors du territoire de l'Empire, d'un crime contre un Français, pourra, à son retour en France, y être poursuivi et jugé, s'il n'a pas été poursuivi et jugé en pays étranger, et si le Français offensé rend plainte contre lui.

LIVRE Ier

DE LA POLICE JUDICIAIRE ET DES OFFICIERS DE POLICE QUI L'EXERCENT.

CHAPITRE Ier

De la Police judiciaire.

8. La police judiciaire recherche les crimes, les délits et les contraventions, en rassemble les preuves, et en livre les auteurs aux tribunaux chargés de les punir.

9. La police judiciaire sera exercée sous l'autorité des cours impériales, et suivant les distinctions qui vont être établies,

Par les gardes champêtres et les gardes forestiers,

Par les commissaires de police,

Par les maires et les adjoints de maire,

Par les procureurs impériaux et leurs substituts,

Par les juges de paix,

Par les officiers de gendarmerie,

Par les commissaires généraux de police,

Et par les juges d'instruction.

10. Les préfets des départemens, et le préfet de police à Paris, pourront faire personnellement, ou requérir les officiers de police judiciaire, chacun en ce qui le concerne, de faire tous actes nécessaires à l'effet de constater les crimes, délits et contraventions, et d'en livrer les auteurs aux tribunaux chargés de les punir, conformément à l'article 8 ci-dessus.

CHAPITRE II.

Des Maires, des Adjoints de Maire, et des Commissaires de police.

11. Les commissaires de police, et dans les communes où il n'y en a point, les maires, au défaut de ceux-ci les adjoints de maire, rechercheront les contraventions de police, mêmes celles qui sont sous la surveillance spéciale des gardes forestiers et champêtres, à l'égard desquels ils auront concurrence et même prévention.

Ils recevront les rapports, dénonciations et plaintes, qui seront relatifs aux contraventious de police.

Ils consigneront dans les procès-verbaux qu'ils rédigeront à cet effet, la nature et les circonstances des contraventions, le temps et le lieu où elles auront été commises, les preuves ou indices à la charge de ceux qui en seront présumés coupables.

12. Dans les communes divisées en plusieurs arrondissemens, les commissaires de police exerceront ces fonctions dans toute l'étendue de la commune où ils sont établis, sans pouvoir alléguer que les contraventious ont été commises hors de l'arrondissement particulier auquel ils sont préposés.

Ces arrondissemens ne limitent ni ne circonscrivent leurs pouvoirs respectifs, mais indiquent seulement les termes dans lesquels chacun d'eux est plus spécialement astreint à un exercice constant et régulier de ses fonctions.

13. Lorsque l'un des commissaires de police d'une même commune se trouvera légitimement empêché, celui

de l'arrondissement voisin est tenu de le suppléer, sans qu'il puisse retarder le service pour lequel il sera requis, sous prétexte qu'il n'est pas le plus voisin du commissaire empéché, ou que l'empêchement n'est pas légitime ou n'est pas prouvé.

14. Dans les communes où il n'y a qu'un commissaire de police, s'il se trouve légitimement empéché, le maire, ou, au défaut de celui-ci, l'adjoint de maire, le remplacera, tant que durera l'empêchement.

15. Les maires ou adjoints de maire remettront à l'officier par qui sera rempli le ministère public près le tribunal de police, toutes les pièces et renseignemens, dans les trois jours au plus tard, y compris celui où ils ont reconnu le fait sur lequel ils ont procédé.

CHAPITRE III.
Des Gardes champétres et forestiers.

16. Les gardes champétres et les gardes forestiers, considérés comme officiers de police judiciaire, sont chargés de rechercher, chacun dans le territoire pour lequel ils auront été assermentés, les délits et les contraventions de police qui auront porté atteinte aux propriétés rurales et forestières.

Ils dresseront des procès-verbaux, à l'effet de constater la nature, les circonstances, le temps, le lieu des délits et des contraventions, ainsi que les preuves et les indices qu'ils auront pu en recueillir.

Ils suivront les choses enlevées, dans les lieux où elles auront été transportées, et les mettront en séquestre : ils ne pourront néanmoins s'introduire dans les maisons, ateliers, bâtimens, cours adjacentes et enclos, si ce n'est en présence soit du juge de paix, soit de son suppléant, soit du commissaire de police, soit du maire du lieu, soit de son adjoint ; et le procès-verbal qui devra en être dressé, sera signé par celui en présence duquel il aura été fait.

Ils arrêteront, et conduiront devant le juge de paix ou devant le maire, tout individu qu'ils auront surpris en flagrant délit, ou qui sera dénoncé par la clameur publique, lorsque ce délit emportera la peine d'emprisonnement, ou une peine plus grave.

Ils se feront donner, pour cet effet, main-forte par le maire ou par l'adjoint de maire du lieu, qui ne pourra s'y refuser.

17. Les gardes champêtres et forestiers sont, comme officiers de police judiciaire, sous la surveillance du procureur impérial, sans préjudice de leur subordination à l'égard de leurs supérieurs dans l'administration.

18. Les gardes forestiers de l'administration, des communes et des établissemens publics, remettront leurs procès-verbaux au conservateur, inspecteur ou sous-inspecteur forestier, dans le délai fixé par l'article 15.

L'officier qui aura reçu l'affirmation, sera tenu, dans la huitaine, d'en donner avis au procureur impérial.

19. Le conservateur, inspecteur ou sous-inspecteur, fera citer les prévenus ou les personnes civilement responsables devant le tribunal correctionnel.

20. Les procès-verbaux des gardes champêtres des communes, et ceux des gardes champêtres et forestiers des particuliers, seront, lorsqu'il s'agira de simples contraventions, remis par eux, dans le délai fixé par l'article 15, au commissaire de police de la commune chef-lieu de la justice de paix, ou au maire dans les communes où il n'y a point de commissaire de police; et lorsqu'il s'agira d'un délit de nature à mériter une peine correctionnelle, la remise sera faite au procureur impérial.

21. Si le procès-verbal a pour objet une contravention de police, il sera procédé par le commissaire de police de la commune chef-lieu de la justice de paix, par le maire ou à son défaut par l'adjoint de maire dans les communes où il n'y a point de commissaire de police,

ainsi qu'il sera réglé au chapitre I.ᵉʳ titre I.ᵉʳ, du livre II du présent Code.

CHAPITRE IV.

Des Procureurs impériaux et de leurs Substituts.

SECTION I.ʳᵉ

De la Compétence des Procureurs impériaux, relativement à la Police judiciaire.

22. Les procureurs impériaux sont chargés de la recherche et de la poursuite de tous les délits dont la connaissance appartient aux tribunaux de police correctionnelle, ou aux cours spéciales, ou aux cours d'assises.

23. Sont également compétens pour remplir les fonctions déléguées par l'article précédent, le procureur impérial du lieu du crime ou délit, celui de la résidence du prévenu, et celui du lieu où le prévenu pourra être trouvé.

24. Ces fonctions, lorsqu'il s'agira de crimes ou de délits commis hors du territoire français, dans les cas énoncés aux articles 5, 6 et 7, seront remplies par le procureur impérial du lieu où résidera le prévenu, ou par celui du lieu où il pourra être trouvé, ou par celui de sa dernière résidence connue.

25. Les procureurs impériaux et tous autres officiers de police judiciaire auront, dans l'exercice de leurs fonctions, le droit de requérir directement la force publique.

26. Le procureur impérial sera, en cas d'empêchement, remplacé par son substitut, ou, s'il a plusieurs substituts, par le plus ancien. S'il n'a pas de substitut, il sera remplacé par un juge commis à cet effet par le président.

27. Les procureurs impériaux seront tenus, aussitôt que les délits parviendront à leur connaissance, d'en donner avis au procureur général près la cour impériale, et d'exécuter ses ordres relativement à tous actes de police judiciaire.

28. Ils pourvoiront à l'envoi, à la notification et à l'exécution des ordonnances qui seront rendues par le juge

d'instruction, d'après les règles qui seront ci-après établies au chapitre *des Juges d'instruction.*

SECTION II.

Mode de procéder des Procureurs impériaux dans l'exercice de leurs fonctions.

29. Toute autorité constituée, tout fonctionnaire ou officier public, qui, dans l'exercice de ses fonctions acquerra la connaissance d'un crime ou d'un délit, sera tenu d'en donner avis sur-le-champ au procureur impérial près le tribunal dans le ressort duquel ce crime ou délit aura été commis ou dans lequel le prévenu pourrait être trouvé, et de transmettre à ce magistrat tous les renseignemens, procès-verbaux et actes qui y sont relatifs.

30. Toute personne qui aura été témoin d'un attentat, soit contre la sûreté publique, soit contre la vie ou la propriété d'un individu, sera pareillement tenue d'en donner avis au procureur impérial soit du lieu du crime ou délit, soit du lieu où le prévenu pourra être trouvé.

31. Les dénonciations seront rédigées par les dénonciateurs, ou par leurs fondés de procuration spéciale, ou par le procureur impérial s'il en est requis ; elles seront toujours signées par le procureur impérial à chaque feuillet, et par les dénonciateurs ou par leurs fondés de pouvoir.

Si les dénonciateurs ou leurs fondés de pouvoir ne savent ou ne veulent pas signer, il en sera fait mention.

La procuration demeurera toujours annexée à la dénonciation ; et le dénonciateur pourra se faire délivrer, mais à ses frais, une copie de sa dénonciation.

32. Dans tous les cas de flagrant délit, lorsque le fait sera de nature à entraîner une peine afflictive ou infamante, le procureur impérial se transportera sur le lieu, sans aucun retard, pour y dresser les procès-verbaux nécessaires à l'effet de constater le corps du délit, son état, l'état des lieux, et pour recevoir les déclarations des personnes

qui auraient été présentes, ou qui auraient des renseignemens à donner.

Le procureur impérial donnera avis de son transport au juge d'instruction, sans être toutefois tenu de l'attendre pour procéder ainsi qu'il est dit au présent chapitre.

33. Le procureur impérial pourra aussi, dans le cas de l'article précédent, appeler à son procès-verbal, les parens, voisins ou domestiques présumés en état de donner des éclaircissemens sur le fait; il recevra leurs déclarations, qu'ils signeront: les déclarations reçues en conséquence du présent article et de l'article précédent, seront signées par les parties, ou, en cas de refus, il en sera fait mention.

34. Il pourra défendre que qui que ce soit sorte de la maison, ou s'éloigne du lieu, jusqu'après la clôture de son procès-verbal.

Tout contrevenant à cette défense sera, s'il peut être saisi, déposé dans la maison d'arrêt: la peine encourue pour la contravention, sera prononcée par le juge d'instruction, sur les conclusions du procureur impérial, après que le contrevenant aura été cité et entendu, ou par défaut s'il ne comparaît pas, sans autre formalité ni délai, et sans opposition ni appel.

La peine ne pourra excéder dix jours d'emprisonnement et cent francs d'amende.

35. Le procureur impérial se saisira des armes et de tout ce qui paraîtra avoir servi ou avoir été destiné à commettre le crime ou le délit, ainsi que de tout ce qui paraîtra en avoir été le produit, enfin de tout ce qui pourra servir à la manifestation de la vérité: il interpellera le prévenu de s'expliquer sur les choses saisies qui lui seront représentées; il dressera du tout un procès-verbal, qui sera signé par le prévenu, ou mention sera faite de son refus.

36. Si la nature du crime ou du délit est telle, que la preuve puisse vraisemblablement être acquise par les papiers ou autres pièces et effets en la possession du prévenu, le procureur impérial se transportera de suite dans le domicile du prévenu, pour y faire la perquisition des objets qu'il jugera utiles à la manifestation de la vérité.

37. S'il existe, dans le domicile du prévenu, des papiers ou effets qui puissent servir à conviction ou à décharge, le procureur impérial en dressera procès-verbal, et se saisira desdits effets ou papiers.

38. Les objets saisis seront clos et cachetés, si faire se peut; ou s'ils ne sont pas susceptibles de recevoir des caractères d'écriture, ils seront mis dans un vase ou dans un sac, sur lequel le procureur impérial attachera une bande de papier qu'il scellera de son sceau.

39. Les opérations prescrites par les articles précédens seront faites en présence du prévenu, s'il a été arrêté; et s'il ne veut ou ne peut y assister, en présence d'un fondé de pouvoir qu'il pourra nommer. Les objets lui seront présentés à l'effet de les reconnaître et de les parapher, s'il y a lieu; et, au cas de refus, il en sera fait mention au procès-verbal.

40. Le procureur impérial, audit cas de flagrant délit, et lorsque le fait sera de nature à entraîner peine afflictive ou infamante, fera saisir les prévenus présens contre lesquels il existerait des indices graves.

Si le prévenu n'est pas présent, le procureur impérial rendra une ordonnance à l'effet de le faire comparaître; cette ordonnance s'appelle *mandat d'amener.*

La dénonciation seule ne constitue pas une présomption suffisante pour décerner cette ordonnance contre un individu ayant domicile.

Le procureur impérial interrogera sur-le-champ le prévenu amené devant lui.

41. Le délit qui se commet actuellement, ou qui vient de se commettre, est un flagrant délit.

Seront aussi réputés flagrant délit, le cas où le prévenu est poursuivi par la clameur publique, et celui où le prévenu est trouvé saisi d'effets, armes, instrumens ou papiers faisant présumer qu'il est auteur ou complice, pourvu que ce soit dans un temps voisin du délit.

42. Les procès-verbaux du procureur impérial, en exécution des articles précédens, seront faits et rédigés en la présence et revêtus de la signature du commissaire de police de la commune dans laquelle le crime ou le délit aura été commis, ou du maire, ou de l'adjoint du maire, ou de deux citoyens domiciliés dans la même commune.

Pourra néanmoins le procureur impérial dresser les procès-verbaux sans assistance de témoins, lorsqu'il n'y aura pas possibilité de s'en procurer tout de suite.

Chaque feuillet du procès-verbal sera signé par le procureur impérial et par les personnes qui y auront assisté: en cas de refus ou d'impossibilité de signer de la part de celles-ci, il en sera fait mention.

43. Le procureur impérial se fera accompagner, au besoin, d'une ou de deux personnes, présumées, par leur art ou profession, capables d'apprécier la nature et les circonstances du crime ou délit.

44. S'il s'agit d'une mort violente, ou d'une mort dont la cause soit inconnue et suspecte, le procureur impérial se fera assister d'un ou de deux officiers de santé, qui feront leur rapport sur les causes de la mort et sur l'état du cadavre.

Les personnes appelées, dans les cas du présent article et de l'article précédent, prêteront, devant le procureur impérial, le serment de faire leur rapport et de donner leur avis en leur honneur et conscience.

45. Le procureur impérial transmettra sans délai, au juge d'instruction, les procès-verbaux, actes, pièces et ins-

trumens dressés ou saisis en conséquence des articles précédens, pour être procédé ainsi qu'il sera dit au chapitre
des Juges d'instruction; et cependant le prévenu restera
sous la main de la justice *en état de mandat d'amener.*

46. Les attributions faites ci-dessus au procureur impérial pour les **cas** de flagrant délit, auront lieu aussi
toutes les fois que, s'agissant d'un crime ou délit, même
non flagrant, commis dans l'intérieur d'une maison, le
chef de cette maison requerra le procureur impérial de
le constater.

47. Hors les cas énoncés dans les articles 32 et 46,
le procureur impérial, instruit, soit par une dénonciation,
soit par toute autre voie, qu'il a été commis dans son
arrondissement un crime ou un délit, ou qu'une personne
qui en est prévenue se trouve dans son arrondissement,
sera tenu de requérir le juge d'instruction d'ordonner qu'il
en soit informé, même de se transporter, s'il est besoin,
sur les lieux, à l'effet d'y dresser tous les procès-verbaux
nécessaires, ainsi qu'il sera dit au chapitre *des Juges
d'instruction.*

CHAPITRE V.

Des Officiers de police auxiliaires du Procureur impérial.

48. Les juges de paix, les officiers de gendarmerie,
les commissaires généraux de police, recevront des dénonciations de crimes ou délits commis dans les lieux où ils
exercent leurs fonctions habituelles.

49. Dans les cas de flagrant délit, ou dans les cas de
réquisition de la part d'un chef de maison, ils dresseront
les procès-verbaux, recevront les déclarations des témoins,
feront les visites et les autres actes qui sont, auxdits cas,
de la compétence des procureurs impériaux, le tout dans
les formes et suivant les règles établies au chapitre *des
Procureurs impériaux.*

50. Les maires, adjoints de maire, et les commissaires de police, recevront également les dénonciations et feront les actes énoncés en l'article précédent, en se conformant aux mêmes règles.

51. Dans les cas de concurrence entre les procureurs impériaux et les officiers de police énoncés aux articles précédens, le procureur impérial fera les actes attribués à la police judiciaire: s'il a été prévenu, il pourra continuer la procédure, ou autoriser l'officier qui l'aura commencée à la suivre.

52. Le procureur impérial, exerçant son ministère dans les cas des articles 32 et 46, pourra, s'il le juge utile et nécessaire, charger un officier de police auxiliaire de partie des actes de sa compétence.

53. Les officiers de police auxiliaires renverront sans délai les dénonciations, procès-verbaux et autres actes par eux faits dans les cas de leur compétence, au procureur impérial, qui sera tenu d'examiner sans retard les procédures, et de les transmettre, avec les réquisitions qu'il jugera convenables, au juge d'instruction.

54. Dans les cas de dénonciation de crimes ou délits autres que ceux qu'ils sont directement chargés de constater, les officiers de police judiciaire transmettront aussi sans délai au procureur impérial les dénonciations qui leur auront été faites; et le procureur impérial les remettra au juge d'instruction avec son réquisitoire.

CHAPITRE VI.

Des Juges d'instruction.

SECTION Ire

Du Juge d'instruction.

55. Il y aura, dans chaque arrondissement communal, un juge d'instruction. Il sera choisi par sa Majesté parmi les juges du tribunal civil, pour trois ans: il pourra être

continué plus long-temps; et il conservera séance au jugement des affaires civiles, suivant le rang de sa réception.

56. Il sera établi un second juge d'instruction dans les arrondissemens où il pourrait être nécessaire; ce juge sera membre du tribunal civil.

Il y aura, à Paris, six juges d'instruction.

57. Les juges d'instruction seront, quant aux fonctions de police judiciaire, sous la surveillance du procureur-général impérial.

58. Dans les villes où il n'y a qu'un juge d'instruction, s'il est absent, malade, ou autrement empêché, le tribunal de première instance désignera l'un des juges de ce tribunal pour le remplacer.

SECTION II.
Fonctions du Juge d'instruction.

DISTINCTION I.re
Des cas de flagrant délit.

59. Le juge d'instruction, dans tous les cas réputés flagrant délit, peut faire directement, et par lui-même, tous les actes attribués au procureur impérial, en se conformant aux règles établies au chapitre *des Procureurs impériaux et de leurs Substituts.* Le juge d'instruction peut requérir la présence du procureur impérial, sans aucun retard néanmoins des opérations prescrites dans ledit chapitre.

60. Lorsque le flagrant délit aura déjà été constaté, et que le procureur impérial transmettra les actes et pièces au juge d'instruction, celui-ci sera tenu de faire, sans délai, l'examen de la procédure.

Il peut refaire les actes ou ceux des actes qui ne lui paraîtraient pas complets.

DISTINCTION II.
De l'Instruction.

§. I.er
Dispositions générales.

61. Hors les cas de flagrant délit, le juge d'instruction ne fera aucun acte d'instruction et de poursuite qu'il n'ait donné communication de la procédure au procureur impérial. Il la lui communiquera pareillement lorsqu'elle sera terminée; et le procureur impérial fera les réquisitions qu'il jugera convenables, sans pouvoir retenir la procédure plus de trois jours.

Néanmoins le juge d'instruction délivrera, s'il y a lieu, le mandat d'amener, et même le mandat de dépôt, sans que ces mandats doivent être précédés des conclusions du procureur impérial.

62. Lorsque le juge d'instruction se transportera sur les lieux, il sera toujours accompagné du procureur impérial et du greffier du tribunal.

§. II.
Des Plaintes.

63. Toute personne qui se prétendra lésée par un crime ou délit, pourra en rendre plainte et se constituer partie civile devant le juge d'instruction, soit du lieu du crime ou délit, soit du lieu de la résidence du prévenu, soit du lieu où il pourra être trouvé.

64. Les plaintes qui auraient été adressées au procureur impérial, seront par lui transmises au juge d'instruction avec son réquisitoire; celles qui auraient été présentées aux officiers auxiliaires de police, seront par eux envoyées au procureur impérial, et transmises par lui au juge d'instruction, aussi avec son réquisitoire.

Dans les matières du ressort de la police correctionnelle, la partie lésée pourra s'adresser directement au tribunal correctionnel, dans la forme qui sera ci-après réglée.

65. Les dispositions de l'article 31 concernant les dénonciations, seront communes aux plaintes.

66. Les plaignans ne seront réputés partie civile s'ils ne le déclarent formellement soit par la plainte, soit par acte subséquent ; ou, s'ils ne prennent, par l'un ou par l'autre, des conclusions en dommages-intérêts : ils pourront se départir dans les vingt-quatre heures ; dans le cas du désistement, ils ne sont pas tenus des frais depuis qu'il aura été signifié, sans préjudice néanmoins des dommages-intérêts des prévenus, s'il y a lieu.

67. Les plaignans pourront se porter partie civile en tout état de cause jusqu'à la clôture des débats : mais en aucun cas leur désistement après le jugement ne peut être valable, quoiqu'il ait été donné dans les vingt-quatre heures de leur déclaration qu'ils se portent partie civile.

68. Toute partie civile qui ne demeurera pas dans l'arrondissement communal où se fait l'instruction, sera tenue d'y élire domicile par acte passé au greffe du tribunal.

A défaut d'élection de domicile par la partie civile, elle ne pourra opposer le défaut de signification contre les actes qui auraient dû lui être signifiés aux termes de la loi.

69. Dans le cas où le juge d'instruction ne serait ni celui du lieu du crime ou délit, ni celui de la résidence du prévenu, ni celui du lieu où il pourra être trouvé, il renverra la plainte devant le juge d'instruction qui pourrait en connaître.

70. Le juge d'instruction compétent pour connaître de la plainte, en ordonnera la communication au procureur impérial, pour être par lui requis ce qu'il appartiendra.

§. III.

De l'Audition des Témoins.

71. Le juge d'instruction fera citer devant lui les personnes qui auront été indiquées par la dénonciation, par

la plainte, par le procureur impérial ou autrement, comme ayant connaissance, soit du crime ou délit, soit de ses circonstances.

72. Les témoins seront cités par un huissier, ou par un agent de la force publique, à la requête du procureur impérial.

73. Ils seront entendus séparément, et hors de la présence du prévenu, par le juge d'instruction, assisté de son greffier.

74. Ils représenteront, avant d'être entendus, la citation qui leur aura été donnée pour déposer; et il en sera fait mention dans le procès-verbal.

75. Les témoins prêteront serment de dire toute la vérité, rien que la vérité; le juge d'instruction leur demandera leurs noms, prénoms, âge, état, profession, demeure, s'ils sont domestiques, parens ou alliés des parties, et à quel degré: il sera fait mention de la demande, et des réponses des témoins.

76. Les dépositions seront signées du juge, du greffier, et du témoin, après que lecture lui en aura été faite et qu'il aura déclaré y persister: si le témoin ne veut ou ne peut signer, il en sera fait mention.

Chaque page du cahier d'information sera signée par le juge et par le greffier.

77. Les formalités prescrites par les trois articles précédens seront remplies, à peine de cinquante francs d'amende contre le greffier, même, s'il y a lieu, de prise à partie contre le juge d'instruction.

78. Aucune interligne ne pourra être faite: les ratures et les renvois seront approuvés et signés par le juge d'instruction, par le greffier et par le témoin, sous les peines portées en l'article précédent. Les interlignes, ratures et renvois non approuvés, seront réputés non avenus.

79. Les enfans de l'un et de l'autre sexe, au-dessous de l'âge de quinze ans, pourront être entendus, par forme de déclaration et sans prestation de serment.

80. Toute personne citée pour être entendue en témoignage, sera tenue de comparaître et de satisfaire à la citation : sinon, elle pourra y être contrainte par le juge d'instruction, qui, à cet effet, sur les conclusions du procureur impérial, sans autre formalité ni délai, et sans appel, prononcera une amende qui n'excédera pas cent francs, et pourra ordonner que la personne citée sera contrainte par corps à venir donner son témoignage.

81. Le témoin, ainsi condamné à l'amende sur le premier défaut, et qui, sur la seconde citation, produira devant le juge d'instruction des excuses légitimes, pourra, sur les conclusions du procureur impérial, être déchargé de l'amende.

82. Chaque témoin qui demandera une indemnité, sera taxé par le juge d'instruction.

83. Lorsqu'il sera constaté, par le certificat d'un officier de santé, que des témoins se trouvent dans l'impossibilité de comparaître sur la citation qui leur aura été donnée, le juge d'instruction se transportera en leur demeure, quand ils habiteront dans le canton de la justice de paix du domicile du juge d'instruction.

Si les témoins habitent hors du canton, le juge d'instruction pourra commettre le juge de paix de leur habitation, à l'effet de recevoir leur déposition, et il enverra au juge de paix des notes et instructions qui feront connaître les faits sur lesquels les témoins devront déposer.

84. Si les témoins résident hors de l'arrondissement du juge d'instruction, celui-ci requerra le juge d'instruction de l'arrondissement dans lequel les témoins sont résidans de se transporter auprès d'eux pour recevoir leurs dépositions.

I. C.   2

Dans le cas où les témoins n'habiteraient pas le canton du juge d'instruction ainsi requis, il pourra commettre le juge de paix de leur habitation, à l'effet de recevoir leurs dépositions, ainsi qu'il est dit dans l'article précédent.

85. Le juge qui aura reçu les dépositions en conséquence des articles 83 et 84 ci-dessus, les enverra closes et cachetées au juge d'instruction du tribunal saisi de l'affaire.

86. Si le témoin auprès duquel le juge se sera transporté, dans les cas prévus par les trois articles précédens, n'était pas dans l'impossibilité de comparaître sur la citation qui lui avait été donnée, le juge décernera un mandat de dépôt contre le témoin et l'officier de santé qui aura délivré le certificat ci-dessus mentionné.

La peine portée en pareil cas sera prononcée par le juge d'instruction du même lieu, et sur la réquisition du procureur impérial, en la forme prescrite par l'article 80,

§. IV.

Des Preuves par écrit, et des Pièces de conviction.

87. Le juge d'instruction se transportera, s'il en est requis, et pourra même se transporter d'office dans le domicile du prévenu, pour y faire la perquisition des papiers, effets, et généralement de tous les objets qui seront jugés utiles à la manifestation de la vérité.

88. Le juge d'instruction pourra pareillement se transporter dans les autres lieux où il présumerait qu'on aurait caché les objets dont il est parlé dans l'article précédent.

89. Les dispositions des articles 35, 36, 37, 38 et 39 concernant la saisie des objets dont la perquisition peut être faite par le procureur impérial, dans les cas de flagrant délit, sont communes au juge d'instruction.

90. Si les papiers ou les effets dont il y aura lieu de faire la perquisition, sont hors de l'arrondissement du juge

d'instruction, il requerra le juge d'instruction du lieu où l'on peut les trouver, de procéder aux opérations prescrites par les articles précédens.

CHAPITRE VII.

Des Mandats de comparution, de dépôt, d'amener et d'arrêt.

91. Lorsque l'inculpé sera domicilié, et que le fait sera de nature à ne donner lieu qu'à une peine correctionnelle, le juge d'instruction pourra, s'il le juge convenable, ne décerner contre l'inculpé qu'un mandat de comparution, sauf, après l'avoir interrogé, à convertir le mandat en tel autre mandat qu'il appartiendra.

Si l'inculpé fait défaut, le juge d'instruction décernera contre lui un mandat d'amener.

Il décernera pareillement mandat d'amener contre toute personne, de quelque qualité qu'elle soit, inculpée d'un délit emportant peine afflictive ou infamante.

92. Il peut aussi donner des mandats d'amener contre les témoins qui refusent de comparaître sur la citation à eux donnée, conformément à l'article 80, et sans préjudice de l'amende portée en cet article.

93. Dans le cas de mandat de comparution, il interrogera de suite; dans le cas de mandat d'amener, dans les vingt-quatre heures au plus tard.

94. Il pourra, après avoir entendu les prévenus, et le procureur impérial ouï, décerner, lorsque le fait emportera peine afflictive ou infamante ou emprisonnement correctionnel, un mandat d'arrêt dans la forme qui sera ci-après présentée.

95. Les mandats de comparution, d'amener et de dépôt, seront signés par celui qui les aura décernés, et munis de son sceau.

Le prévenu y sera nommé ou désigné le plus clairement qu'il sera possible.

96. Les mêmes formalités seront observées dans le mandat d'arrêt; ce mandat contiendra de plus l'énonciation du fait pour lequel il est décerné, et la citation de la loi qui déclare que ce fait est un crime ou délit.

97. Les mandats de comparution, d'amener, de dépôt ou d'arrêt, seront notifiées par un huissier, ou par un agent de la force publique, lequel en fera l'exhibition au prévenu, et lui en délivrera copie.

Le mandat d'arrêt sera exhibé au prévenu, lors même qu'il serait déjà détenu, et il lui en sera délivré copie.

98. Les mandats d'amener, de comparution, de dépôt et d'arrêt, seront exécutoires dans tout le territoire de l'Empire.

Si le prévenu est trouvé hors de l'arrondissement de l'officier qui aura délivré le mandat de dépôt ou d'arrêt, il sera conduit devant le juge de paix ou son suppléant, et, à leur défaut, devant le maire ou l'adjoint de maire, ou le commissaire de police du lieu, lequel visera le mandat, sans pouvoir en empêcher l'exécution.

99. Le prévenu qui refusera d'obéir au mandat d'amener, ou qui, après avoir déclaré qu'il est prêt à obéir, tentera de s'évader, devra être contraint.

Le porteur du mandat d'amener emploiera, au besoin, la force publique du lieu le plus voisin: elle sera tenue de marcher, sur la réquisition contenue dans le mandat d'amener.

100. Néanmoins, lorsqu'après plus de deux jours depuis la date du mandat d'amener, le prévenu aura été trouvé hors de l'arrondissement de l'officier qui a délivré ce mandat, et à une distance de plus de cinq myriamètres du domicile de cet officier, ce prévenu pourra n'être pas contraint de se rendre au mandat; mais alors le procureur impérial de l'arrondissement où il aura été trouvé, et devant lequel il sera conduit, décernera un mandat de dépôt, en vertu duquel il sera retenu dans la maison d'arrêt.

Le mandat d'amener devra être pleinement exécuté, si le prévenu a été trouvé muni d'effets, de papiers ou d'instrumens qui feront présumer qu'il est auteur ou complice du crime ou délit pour raison duquel il est recherché, quels que soient le délai et la distance dans lesquels il aura été trouvé.

101. Dans les vingt-quatre heures de l'exécution du mandat de dépôt, le procureur impérial qui l'aura délivré en donnera avis, et transmettra les procès-verbaux, s'il en a été dressé, à l'officier qui a décerné le mandat d'amener.

102. L'officier qui a délivré le mandat d'amener, et auquel les pièces sont ainsi transmises, communiquera le tout, dans un pareil délai, au juge d'instruction près duquel il exerce; ce juge se conformera aux dispositions de l'article 90.

103. Le juge d'instruction saisi de l'affaire directement ou par renvoi en exécution de l'article 90, transmettra, sous cachet, au juge d'instruction du lieu où le prévenu a été trouvé, les pièces, notes et renseignemens relatifs au délit, afin de faire subir interrogatoire à ce prévenu.

Toutes les pièces seront ensuite également renvoyées, avec l'interrogatoire, au juge saisi de l'affaire.

104. Si, dans le cours de l'instruction, le juge saisi de l'affaire décerne un mandat d'arrêt, il pourra ordonner, par ce mandat, que le prévenu sera transféré dans la maison d'arrêt du lieu où se fait l'instruction.

S'il n'est pas exprimé dans le mandat d'arrêt que le prévenu sera ainsi transféré, il restera en la maison d'arrêt de l'arrondissement dans lequel il aura été trouvé, jusqu'à ce qu'il ait été statué par la chambre du conseil, conformément aux articles 127, 128, 129, 130, 131, 132 et 133 ci-après.

105. Si le prévenu contre lequel il a été décerné un mandat d'amener ne peut être trouvé, ce mandat sera exhibé au maire, ou à l'adjoint, ou au commissaire de police de la commune de la résidence du prévenu.

Le maire, l'adjoint ou le commissaire de police, mettra son visa sur l'original de l'acte de notification.

106. Tout dépositaire de la force publique, et même toute personne, sera tenu de saisir le prévenu surpris en flagrant délit, ou poursuivi soit par la clameur publique, soit dans les cas assimilés au flagrant délit, et de le conduire devant le procureur impérial, sans qu'il soit besoin de mandat d'amener, si le crime ou délit emporte peine afflictive ou infamante.

107. Sur l'exhibition du mandat de dépôt, le prévenu sera reçu et gardé dans la maison d'arrêt établie près le tribunal correctionnel; et le gardien remettra à l'huissier, ou à l'agent de la force publique chargé de l'exécution du mandat, une reconnaissance de la remise du prévenu.

108. L'officier chargé de l'exécution d'un mandat de dépôt ou d'arrêt, se fera accompagner d'une force suffisante pour que le prévenu ne puisse se soustraire à la loi.

Cette force sera prise dans le lieu le plus à portée de celui où le mandat d'arrêt ou de dépôt devra s'exécuter; et elle est tenue de marcher, sur la réquisition directement faite au commandant et contenue dans le mandat.

109. Si le prévenu ne peut être saisi, le mandat d'arrêt sera notifié à sa dernière habitation; et il sera dressé procès-verbal de perquisition.

Ce procès-verbal sera dressé en présence des deux plus proches voisins du prévenu que le porteur du mandat d'arrêt pourra trouver; ils le signeront, ou, s'ils ne savent ou ne veulent pas signer, il en sera fait mention, ainsi que de l'interpellation qui en aura été faite.

Le porteur du mandat d'arrêt fera ensuite viser son procès-verbal par le juge de paix ou son suppléant, ou, à son défaut, par le maire, l'adjoint ou le commissaire de police du lieu, et lui en laissera copie.

Le mandat d'arrêt et le procès-verbal seront ensuite remis au greffe du tribunal.

110. Le prévenu saisi en vertu d'un mandat d'arrêt ou de dépôt, sera conduit, sans délai, dans la maison d'arrêt indiquée par le mandat.

111. L'officier chargé de l'exécution du mandat d'arrêt ou de dépôt, remettra le prévenu au gardien de la maison d'arrêt, qui lui en donnera décharge; le tout dans la forme prescrite par l'article 107.

Il portera ensuite au greffe du tribunal correctionnel les pièces relatives à l'arrestation, et en prendra une reconnaissance.

Il exhibera ces décharge et reconnaissance dans les vingt-quatre heures au juge d'instruction: celui-ci mettra sur l'une et sur l'autre son vu, qu'il datera et signera.

112. L'inobservation des formalités prescrites pour les mandats de comparution, de dépôt, d'amener et d'arrêt, sera toujours punie d'une amende de cinquante francs au moins contre le greffier, et, s'il y a lieu, d'injonctions au juge d'instruction et au procureur impérial, même de prise à partie s'il y échet.

CHAPITRE VIII.

De la Liberté provisoire et du Cautionnement.

113. La liberté provisoire ne pourra jamais être accordée au prévenu lorsque le titre de l'accusation emportera une peine afflictive ou infamante.

114. Si le fait n'emporte pas une peine afflictive ou infamante, mais seulement une peine correctionnelle, la chambre du conseil pourra, sur la demande du prévenu, et sur les conclusions du procureur impérial, ordonner que le prévenu sera mis provisoirement en liberté, moyennant caution solvable de se représenter à tous les actes de la procédure, et, pour l'exécution du jugement, aussitôt qu'il en sera requis.

La mise en liberté provisoire avec caution pourra être demandée et accordée en tout état de cause.

115. Néanmoins les vagabonds et les repris de justice ne pourront, en aucun cas, être mis en liberté provisoire.

116. La demande en liberté provisoire sera notifiée à la partie civile, à son domicile ou à celui qu'elle aura élu.

117. La solvabilité de la caution offerte sera discutée par le procureur impérial, et par la partie civile, dûment appelée.

Elle devra être justifiée par des immeubles libres, pour le montant du cautionnement et une moitié en sus, si mieux n'aime la caution déposer dans la caisse de l'enregistrement et des domaines le montant du cautionnement en espèces.

118. Le prévenu sera admis à être sa propre caution, soit en déposant le montant du cautionnement, soit en justifiant d'immeubles libres pour le montant du cautionnement et une moitié en sus, et en faisant, dans l'un ou l'autre cas, la soumission dont il sera parlé ci-après.

119. Le cautionnement ne pourra être au-dessous de cinq cents francs.

Si la peine correctionnelle était à-la-fois l'emprisonnement et une amende dont le double excéderait cinq cent francs, le cautionnement ne pourrait pas être exigé d'une somme plus forte que le double de cette amende.

S'il avait résulté du délit un dommage civil appréciable en argent, le cautionnement sera triple de la valeur du dommage, ainsi qu'il sera arbitré, pour cet effet seulement, par le juge d'instruction, sans néanmoins que dans ce cas le cautionnement puisse être au-dessous de cinq cents francs.

120. La caution admise fera sa soumission, soit au greffe du tribunal, soit devant notaires, de payer entre les mains du receveur de l'enregistrement le montant du cautionnement, en cas que le prévenu soit constitué en défaut de se représenter.

Cette soumission entraînera la contrainte par corps contre la caution : une expédition en forme exécutoire en sera remise à la partie civile, avant que le prévenu soit mis en liberté provisoire.

121. Les espèces déposées et les immeubles servant de cautionnement, seront affectés par privilége, 1.° au paiement des réparations civiles et des frais avancés par la partie civile, 2.° aux amendes ; le tout néanmoins sans préjudice du privilége du trésor public, à raison des frais faits par la partie publique.

Le procureur impérial et sa partie civile pourront prendre inscription hypothécaire, sans attendre le jugement définitif. L'inscription prise à la requête de l'un ou de l'autre, profitera à tous les deux.

122. Le juge d'instruction rendra, le cas arrivant, sur les conclusions du procureur impérial ou sur la demande de la partie civile, une ordonnance pour le paiement de la somme cautionnée.

Ce paiement sera poursuivi à la requête du procureur impérial, et à la diligence du directeur de l'enregistrement. Les sommes recouvrées seront versées dans la caisse de l'enregistrement, sans préjudice des poursuites et des droits de la partie civile.

123. Le juge d'instruction délivrera, dans la même forme et sur les mêmes réquisitions, une ordonnance de contrainte contre la caution ou les cautions d'un individu mis sous la surveillance spéciale du Gouvernement, lorsque celui-ci aura été condamné, par un jugement devenu irrévocable, pour un crime ou pour un délit commis dans l'intervalle déterminé par l'acte de cautionnement.

124. Le prévenu ne sera mis en liberté provisoire sous caution, qu'après avoir élu domicile dans le lieu où siége le tribunal correctionnel, par un acte reçu au greffe de ce tribunal.

125. Outre les poursuites contre la caution, s'il y a lieu, le prévenu sera saisi et écroué dans la maison d'arrêt, en exécution d'une ordonnance du juge d'instruction.

126. Le prévenu qui aurait laissé contraindre sa caution au paiement, ne sera plus, à l'avenir, recevable en aucun cas à demander de nouveau sa liberté provisoire moyennant caution.

CHAPITRE IX.
Du rapport des Juges d'instruction quand la Procédure est complète.

127. Le juge d'instruction sera tenu de rendre compte, au moins une fois par semaine, des affaires dont l'instruction lui est dévolue.

Le compte sera rendu à la chambre du conseil, composée de trois juges au moins, y compris le juge d'instruction; communication préalablement donnée au procureur impérial, pour être par lui requis ce qu'il appartiendra.

128. Si les juges sont d'avis que le fait ne présente ni crime, ni délit, ni contravention, ou qu'il n'existe aucune charge contre l'inculpé, il sera déclaré qu'il n'y a pas lieu à poursuivre; et si l'inculpé avait été arrêté, il sera mis en liberté.

129. S'ils sont d'avis que le fait n'est qu'une simple contravention de police, l'inculpé sera renvoyé au tribunal de police, et il sera remis en liberté s'il est arrêté.

Les dispositions du présent article et de l'article précédent ne pourront préjudicier aux droits de la partie civile ou de la partie publique, ainsi qu'il sera expliqué ci-après.

130. Si le délit est reconnu de nature à être puni par des peines correctionnelles, le prévenu sera renvoyé au tribunal de police correctionnelle.

Si, dans ce cas, le délit peut entraîner la peine d'emprisonnement, le prévenu, s'il est en arrestation, y demeurera provisoirement.

131. Si le délit ne doit pas entraîner la peine de l'emprisonnement, le prévenu sera mis en liberté, à la charge de se représenter, à jour fixe, devant le tribunal compétent.

132. Dans tous les cas de renvoi soit à la police municipale, soit à la police correctionnelle, le procureur impérial est tenu d'envoyer, dans les vingt-quatre heures au plus tard, au greffe du tribunal qui doit prononcer, toutes les pièces, après les avoir cotées.

133. Si, sur le rapport fait à la chambre du conseil par le juge d'instruction, les juges ou l'un d'eux estiment que le fait est de nature à être puni de peines afflictives ou infamantes, et que la prévention contre l'inculpé est suffisamment établie, les pièces d'instruction, le procès-verbal constatant le corps du délit, et un état des pièces servant à conviction, seront transmis sans délai, par le procureur impérial, au procureur général de la cour impériale, pour être procédé ainsi qu'il sera dit au chapitre *des Mises en accusation.*

Les pièces de conviction resteront au tribunal d'instruction, sauf ce qui sera dit aux articles 248 et 291.

134. La chambre du conseil décernera dans ce cas, contre le prévenu, une ordonnance de prise de corps, qui sera adressée avec les autres pièces au procureur général.

Cette ordonnance contiendra le nom du prévenu, son signalement, son domicile, s'ils sont connus, l'exposé du fait et la nature du délit.

135. Lorsque la mise en liberté des prévenus sera ordonnée conformément aux articles 128, 129 et 131 ci-dessus, le procureur impérial ou la partie civile pourra s'opposer à leur élargissement. L'opposition devra être formée dans un délai de vingt-quatre heures, qui courra, contre le procureur impérial, à compter du jour de l'ordonnance de mise en liberté, et contre la partie civile, à compter du jour de la signification à elle faite de ladite

ordonnance au domicile par elle élu dans le lieu où siége le tribunal. L'envoi des pièces sera fait ainsi qu'il est dit à l'article 132.

Le prévenu gardera prison jusqu'après l'expiration du susdit délai.

136. La partie civile qui succombera dans son opposition, sera condamnée aux dommages-intérêts envers le prévenu.

LIVRE II.

DE LA JUSTICE.

(Loi décrétée le 19 Novembre 1808, promulguée le 29 du même mois.)

TITRE I.er

DES TRIBUNAUX DE POLICE.

CHAPITRE I.er

Des Tribunaux de simple police.

137. Sont considérés comme contraventions de police simple, les faits qui, d'après les dispositions du quatrième livre du Code pénal, peuvent donner lieu, soit à quinze francs d'amende ou au-dessous, soit à cinq jours d'emprisonnement ou au-dessous, qu'il y ait ou non confiscation des choses saisies, et quelle qu'en soit la valeur.

138. La connaissance des contraventions de police est attribuée au juge de paix et au maire, suivant les règles et les distinctions qui seront ci-après établies.

§. I.er

Du Tribunal du Juge de paix comme Juge de police.

139. Les juges de paix connaîtront exclusivement,

1.º Des contraventions commises dans l'étendue de la commune chef-lieu du canton;

2.º Des contraventions dans les autres communes de leur arrondissement, lorsque, hors le cas où les coupables auront été pris en flagrant délit, les contraventions auront été commises par des personnes non domiciliées ou non présentes dans la commune, ou lorsque les témoins qui doivent déposer n'y sont pas résidans ou présens;

3.º Des contraventions à raison desquelles la partie qui réclame conclut, pour ses dommages-intérêts, à une somme indéterminée ou à une somme excédant quinze francs;

4.º Des contraventions forestières poursuivies à la requête des particuliers;

5.º Des injures verbales;

6.º Des affiches, annonces, ventes, distributions ou débits d'ouvrages, écrits ou gravures, contraires aux mœurs;

7.º De l'action contre les gens qui font le métier de deviner et pronostiquer, ou d'expliquer les songes.

140. Les juges de paix connaîtront aussi, mais concurremment avec les maires, de toutes autres contraventions commises dans leur arrondissement.

141. Dans les communes dans lesquelles il n'y a qu'un juge de paix, il connaîtra seul des affaires attribuées à son tribunal. Les greffiers et les huissiers de la justice de paix feront le service pour les affaires de police.

142. Dans les communes divisées en deux justices de paix ou plus, le service au tribunal de police sera fait successivement par chaque juge de paix, en commençant par le plus ancien: il y aura, dans ce cas, un greffier particulier pour le tribunal de police.

143. Il pourra aussi, dans le cas de l'article précédent, y avoir deux sections pour la police: chaque section sera tenue par un juge de paix; et le greffier aura un commis assermenté pour le suppléer.

144. Les fonctions du ministère public, pour les faits de police, seront remplies par le commissaire du lieu où

siégera le tribunal : en cas d'empêchement du commissaire de police, ou s'il n'y en a point, elles seront remplies par le maire, qui pourra se faire remplacer par son adjoint.

S'il y a plusieurs commissaires de police, le procureur général près la cour impériale nommera celui ou ceux d'entre eux qui feront le service.

145. Les citations pour contravention de police seront faites à la requête du ministère public, ou de la partie qui réclame.

Elles seront notifiées par un huissier; il en sera laissé copie au prévenu, ou à la personne civilement responsable.

146. La citation ne pourra être donnée à un délai moindre que vingt-quatre heures, outre un jour par trois myriamètres, à peine de nullité tant de la citation que du jugement qui serait rendu par défaut. Néanmoins cette nullité ne pourra être proposée qu'à la première audience, avant toute exception et défense.

Dans les cas urgens, les délais pourront être abrégés et les parties citées à comparaître même dans le jour, et à heure indiquée, en vertu d'une cédule délivrée par le juge de paix.

147. Les parties pourront comparaître volontairement et sur un simple avertissement, sans qu'il soit besoin de citation.

148. Avant le jour de l'audience, le juge de paix pourra, sur la réquisition du ministère public ou de la partie civile, estimer ou faire estimer les dommages, dresser ou faire dresser des procès-verbaux, faire ou ordonner tous actes requérant célérité.

149. Si la personne citée ne comparaît pas au jour et à l'heure fixés par la citation, elle sera jugée par défaut.

15o. La personne condamnée par défaut ne sera plus recevable à s'opposer à l'exécution du jugement, si elle ne se présente à l'audience indiquée par l'article suivant; sauf ce qui sera ci-après réglé sur l'appel et le recours en cassation.

15r. L'opposition au jugement par défaut pourra être faite par déclaration en réponse au bas de l'acte de signification, ou par acte notifié dans les trois jours de la signification, outre un jour par trois myriamètres.

L'opposition emportera de droit citation à la première audience, après l'expiration des délais, et sera réputée non avenue si l'opposant ne comparaît pas.

r5a. La personne citée comparaîtra par elle-même, ou par un fondé de procuration spéciale.

153. L'instruction de chaque affaire sera publique, à peine de nullité.

Elle se fera dans l'ordre suivant:

Les procès-verbaux, s'il y en a, seront lus par le greffier;

Les témoins, s'il en a été appelé par le ministère public ou la partie civile, seront entendus s'il y a lieu; la partie civile prendra ses conclusions;

La personne citée proposera sa défense, et fera entendre ses témoins, si elle en a amené ou fait citer, et si, aux termes de l'article suivant, elle est recevable à les produire;

Le ministère public résumera l'affaire et donnera ses conclusions: la partie citée pourra proposer ses observations.

Le tribunal de police prononcera le jugement dans l'audience où l'instruction aura été terminée, et, au plus tard, dans l'audience suivante.

r54. Les contraventions seront prouvées soit par procès-verbaux ou rapports, soit par témoins à défaut de rapports et procès-verbaux, ou à leur appui.

Nul ne sera admis, à peine de nullité, à faire preuve par témoins outre ou contre le contenu aux procès-verbaux ou rapports des officiers de police ayant reçu de la loi le pouvoir de constater les délits ou les contraventions

jusqu'à inscription de faux. Quant aux procès-verbaux
et rapports faits par des agens, préposés ou officiers auxquels la loi n'a pas accordé le droit d'en être crus jusqu'à
inscription de faux, ils pourront être débattus par des
preuves contraires, soit écrites, soit testimoniales, si le
tribunal juge à propos de les admettre.

155. Les témoins feront à l'audience, sous peine de
nullité, le serment de dire toute la vérité, rien que la
vérité; et le greffier en tiendra note, ainsi que de leurs
noms, prénoms, âge, profession et demeure, et de leurs
principales déclarations.

156. Les ascendans ou descendans de la personne prévenue, ses frères et sœurs ou alliés en pareil degré, la
femme ou son mari, même après le divorce prononcé,
ne seront ni appelés ni reçus en témoignage; sans néanmoins que l'audition des personnes ci-dessus désignées
puisse opérer une nullité, lorsque, soit le ministère public, soit la partie civile, soit le prévenu, ne se sont pas
opposés à ce qu'elles soient entendues.

157. Les témoins qui ne satisferont pas à la citation,
pourront y être contraints par le tribunal, qui, à cet
effet et sur la réquisition du ministère public, prononcera
dans la même audience, sur le premier défaut, l'amende,
et en cas d'un second défaut, la contrainte par corps.

158. Le témoin ainsi condamné à l'amende sur le
premier défaut, et qui, sur la seconde citation, produira
devant le tribunal des excuses légitimes, pourra, sur les
conclusions du ministère public, être déchargé de l'amende.

Si le témoin n'est pas cité de nouveau, il pourra volontairement comparaître par lui, ou par un fondé de procuration spéciale, à l'audience suivante, pour présenter ses
excuses, et obtenir, s'il y a lieu, décharge de l'amende.

159. Si le fait ne présente ni délit ni contravention
de police, le tribunal annullera la citation et tout ce qui

aura suivi, et statuera par le même jugement sur les demandes en dommages-intérêts.

160. Si le fait est un délit qui emporte une peine correctionnelle ou plus grave, le tribunal renverra les parties devant le procureur impérial.

161. Si le prévenu est convaincu de contravention de police, le tribunal prononcera la peine, et statuera par le même jugement sur les demandes en restitution et en dommages-intérêts.

162. La partie qui succombera, sera condamnée aux frais, même envers la partie publique.

Les dépens seront liquidés par le jugement.

163. Tout jugement définitif de condamnation sera motivé, et les termes de la loi appliquée y seront insérés, à peine de nullité.

Il y sera fait mention s'il est rendu en dernier ressort ou en première instance.

164. La minute du jugement sera signée par le juge qui aura tenu l'audience, dans les vingt-quatre heures au plus tard, à peine de vingt-cinq francs d'amende contre le greffier, et de prise à partie, s'il y a lieu, tant contre le greffier que contre le président.

165. Le ministère public et la partie civile poursuivront l'exécution du jugement, chacun en ce qui le concerne.

§. II.

De la Juridiction des Maires comme Juges de police.

166. Les maires des communes non chefs-lieux du canton connaîtront, concurremment avec les juges de paix, des contraventions commises dans l'étendue de leur commune, par les personnes prises en flagrant délit, ou par des personnes qui résident dans la commune ou qui y sont présentes, lorsque les témoins y seront aussi résidans ou présens, et lorsque la partie réclamante conclura pour ses

dommages-intérêts à une somme déterminée, qui n'excédera pas celle de quinze francs.

Ils ne pourront jamais connaître des contraventions attribuées exclusivement aux juges de paix par l'article 139, ni d'aucune de matières dont la connaissance est attribuée aux juges de paix considérés comme juges civils.

167. Le ministère public sera exercé auprès du maire, dans les matières de police, par l'adjoint; en l'absence de l'adjoint, ou lorsque l'adjoint remplacera le maire comme juge de police, le ministère public sera exercé par un membre du conseil municipal, qui sera désigné à cet effet par le procureur impérial, pour une annnée entière.

168. Les fonctions de greffier des maires dans les affaires de police, seront exercées par un citoyen que le maire proposera, et qui prêtera serment en cette qualité au tribunal de police correctionnelle. Il recevra, pour ses expéditions, les émolumens attribués au greffier du juge de paix.

169. Le ministère des huissiers ne sera pas nécessaire pour les citations aux parties; elles pourront être faites par un avertissement du maire, qui annoncera au défendeur le fait dont il est inculpé, le jour et l'heure où il doit se présenter.

170. Il en sera de même des citations aux témoins; elles pourront être faites par un avertissement qui indiquera le moment où leur déposition sera reçue.

171. Le maire donnera son audience dans la maison commune; il entendra publiquement les parties et les témoins.

Seront, au surplus, observées les dispositions des articles 149, 150, 151, 153, 154, 155, 156, 157, 158, 159 et 160, concernant l'instruction et les jugemens au tribunal du juge de paix.

§. III.

De l'Appel des Jugemens de police.

172. Les jugemens rendus en matière de police pourront être attaqués par la voie de l'appel, lorsqu'ils prononceront un emprisonnement, ou lorsque les amendes, restitutions et autres réparations civiles excéderont la somme de cinq francs, outre les dépens.

173. L'appel sera suspensif.

174. L'appel des jugemens rendus par le tribunal de police sera porté au tribunal correctionnel: cet appel sera interjeté dans les dix jours de la signification de la sentence à personne ou domicile; il sera suivi et jugé dans la même forme que les appels des sentences des justices de paix.

175. Lorsque, sur l'appel, le procureur impérial ou l'une des parties le requerra, les témoins pourront être entendus de nouveau, et il pourra même en être entendu d'autres.

176. Les dispositions des articles précédens sur la solennité de l'instruction, la nature des preuves, la forme, l'authenticité et la signature du jugement définitif, la condamnation aux frais, ainsi que les peines que ces articles prononcent, seront communes aux jugemens rendus, sur l'appel, par les tribunaux correctionnels.

177. Le ministère public et les parties pourront, s'il y a lieu, se pourvoir en cassation contre les jugemens rendus en dernier ressort par le tribunal de police, ou contre les jugemens rendus par le tribunal correctionnel, sur l'appel des jugemens de police.

Le recours aura lieu dans la forme et dans les délais qui seront prescrits.

178. Au commencement de chaque trimestre, les juges de paix et les maires transmettront au procureur impérial l'extrait des jugemens de police qui auront été

rendus dans le trimestre précédent et qui auront prononcé la peine d'emprisonnement. Cet extrait sera délivré sans frais par le greffier.

Le procureur impérial le déposera au greffe du tribunal correctionnel.

Il en rendra un compte sommaire au procureur général près la cour impériale.

CHAPITRE II.

Des Tribunaux en Matière correctionnelle.

179. Les tribunaux de première instance en matière civile connaîtront en outre, sous le titre de tribunaux correctionnels, de tous les délits forestiers poursuivis à la requête de l'administration, et de tous les délits dont la peine excède cinq jours d'emprisonnement et quinze francs d'amende.

180. Ces tribunaux pourront, en matière correctionnelle, prononcer au nombre de trois juges.

181. S'il se commet un délit correctionnel dans l'enceinte et pendant la durée de l'audience, le président dressera procès-verbal du fait, entendra le prévenu et les témoins, et le tribunal appliquera, sans désemparer, les peines prononcées par la loi.

Cette disposition aura son exécution pour les délits correctionnels commis dans l'enceinte et pendant la durée des audiences de nos cours, et même des audiences du tribunal civil, sans préjudice de l'appel de droit des jugemens rendus dans ces cas par les tribunaux civils ou correctionnels.

182. Le tribunal sera saisi, en matière correctionnelle, de la connaissance des délits de sa compétence, soit par le renvoi qui lui en sera fait d'après les articles 130 et 160 ci-dessus, soit par la citation donnée directement au prévenu et aux personnes civilement responsables du délit par la partie civile, et à l'égard des délits forestiers,

par le conservateur, inspecteur ou sous-inspecteur forestier, ou par les gardes généraux, et, dans tous les cas,
par le procureur impérial.

183. La partie civile fera, par l'acte de citation,
élection de domicile dans la ville où siége le tribunal: la
citation énoncera les faits, et tiendra lieu de plainte.

184. Il y aura au moins un délai de trois jours, outre
un jour par trois myriamètres, entre la citation et le jugement, à peine de nullité de la condamnation qui serait
prononcée par défaut contre la personne citée.

Néanmoins cette nullité ne pourra être proposée qu'à
la première audience, et avant toute exception ou défense.

185. Dans les affaires relatives à des délits qui n'en-
traîneront pas la peine d'emprisonnement, le prévenu
pourra se faire représenter par un avoué; le tribunal
pourra néanmoins ordonner sa comparution en personne.

186. Si le prévenu ne comparaît pas, il sera jugé par
défaut.

187. La condamnation par défaut sera comme non
avenue, si, dans les cinq jours de la signification qui en
aura été faite au prévenu ou à son domicile, outre un
jour par cinq myriamètres, celui-ci forme opposition à
l'exécution du jugement, et notifie son opposition tant au
ministère public qu'à la partie civile.

Néanmoins les frais de l'expédition, de la signification
du jugement par défaut et de l'opposition, demeureront à
la charge du prévenu.

188. L'opposition emportera de droit citation à la
première audience: elle sera non avenue si l'opposant n'y
comparaît pas; et le jugement que le tribunal aura rendu
sur l'opposition, ne pourra être attaqué par la partie qui
l'aura formée, si ce n'est par appel, ainsi qu'il sera dit
ci-après.

Le tribunal pourra, s'il y échet, accorder une provision;
et cette disposition sera exécutoire nonobstant l'appel.

189. La preuve des délits correctionnels se fera de la manière prescrite aux articles 154, 155 et 156 ci-dessus, concernant les contraventions de police. Les dispositions des articles 157, 158, 159, 160 et 161, sont communes aux tribunaux en matière correctionnelle.

190. L'instruction sera publique, à peine de nullité.

Le procureur impérial, la partie civile ou son défenseur, et, à l'égard des délits forestiers, le conservateur, inspecteur ou sous-inspecteur forestier, ou à leur défaut le garde général, exposeront l'affaire : les procès-verbaux ou rapports, s'il en a été dressé, seront lus par le greffier ; le témoins pour et contre seront entendues, s'il y a lieu, et les reproches proposés et jugés ; les pièces pouvant servir à conviction ou à décharge seront représentées aux témoins et aux parties ; le prévenu sera interrogé ; le prévenu et les personnes civilement responsables proposeront leur défense : le procureur impérial résumera l'affaire et donnera ses conclusions ; le prévenu et les personnes civilement responsables du délit pourront répliquer.

Le jugement sera prononcé de suite, ou, au plus tard, à l'audience qui suivra celle où l'instruction aura été terminée.

191. Si le fait n'est réputé ni délit ni contravention de police, le tribunal annullera l'instruction, la citation et tout ce qui aura suivi, renverra le prévenu, et statuera sur les demandes en dommages-intérêts.

192. Si le fait n'est qu'une contravention de police, et si la partie publique ou la partie civile n'a pas demandé le renvoi, le tribunal appliquera la peine, et statuera, s'il y a lieu, sur les dommages-intérêts.

Dans ce cas, son jugement sera en dernier ressort.

193. Si le fait est de nature à mériter une peine afflictive ou infamante, le tribunal pourra décerner de suite le mandat de dépôt ou le mandat d'arrêt ; et il renverra le prévenu devant le juge d'instruction compétent.

194. Tout jugement de condamnation rendu contre le prévenu et contre les personnes civilement responsables du délit, ou contre la partie civile, les condamnera aux frais, même envers la partie publique.

Le frais seront liquidés par le même jugement.

195. Dans le dispositif de tout jugement de condamnation seront énoncés les faits dont les personnes citées seront jugées coupables ou responsables, la peine et les condamnations civiles.

Le texte de la loi dont on fera l'application, sera lu à l'audience par le président; il sera fait mention de cette lecture dans le jugement, et le texte de la loi y sera inséré, sous peine de cinquante francs d'amende contre le greffier.

196. La minute du jugement sera signée au plus tard dans les vingt-quatre heures, par les juges qui l'auront rendu.

Les greffiers qui délivreront expédition d'un jugement avant qu'il ait été signé, seront poursuivis comme faussaires.

Les procureurs impériaux se feront représenter, tous les mois, les minutes des jugemens; et en cas de contravention au présent article, ils en dresseront procès-verbal pour être procédé ainsi qu'il appartiendra.

197. Le jugement sera exécuté à la requête du procureur impérial et de la partie civile chacun en ce qui le concerne.

Néanmoins les poursuites pour le recouvrement des amendes et confiscations seront faites au nom du procureur impérial, par le directeur de la régie des droits d'enregistrement et domaines.

198. Le procureur impérial sera tenu, dans les quinze jours qui suivront la prononciation du jugement, d'en envoyer un extrait au procureur général impérial.

199. Les jugemens rendus en matière correctionnelle pourront être attaquées par la voie de l'appel.

200. Les appels des jugemens rendus en police correctionnelle seront portés des tribunaux d'arrondissement au tribunal du chef-lieu du département.

Les appels des jugemens rendus en police correctionnelle au chef-lieu du département, seront portés au tribunal du chef-lieu du département voisin quand il sera dans le ressort de la même cour impériale, sans néanmoins que les tribunaux puissent, dans aucun cas, être respectivement juges d'appel de leur jugemens.

Il sera formé un tableau des tribunaux de chef-lieu auxquels les appels seront portés.

201. Dans le département où siège la cour impériale, les appels des jugemens rendus en police correctionnelle seront portés à ladite cour.

Seront également portés à ladite cour les appels des jugemens rendus en police correctionnelle dans le chef-lieu d'un département voisin, lorsque la distance de cette cour ne sera pas plus forte que celle du chef-lieu d'un autre département.

202. La faculté d'appeler appartiendra,

1.° Aux parties prévenues ou responsables;

2.° A la partie civile, quant à ses intérêts civils seulement;

3.° A l'administration forestière;

4.° Au procureur impérial du tribunal de première instance, lequel, dans le cas où il n'appellerait pas, sera tenu, dans le délai de quinzaine, d'adresser un extrait du jugement au magistrat du ministère public près du tribunal ou de la cour qui doit connaître de l'appel.

5.° Au ministère public près le tribunal ou la cour qui doit prononcer sur l'appel.

203. Il y aura, sauf l'exception portée en l'article 205 ci-après, déchéance de l'appel, si la déclaration d'ap-

peler n'a pas été faite au greffe du tribunal qui a rendu le jugement, dix jours au plus tard après celui où il a été prononcé; et si le jugement est rendu par défaut, dix jours au plus tard après celui de la signification qui en aura été faite à la partie condamnée ou à son domicile, outre un jour par trois myriamètres.

Pendant ce délai et pendant l'instance d'appel, il sera sursis à l'exécution du jugement.

204. La requête contenant les moyens d'appel pourra être remise, dans le même délai, au même greffe; elle sera signée de l'appelant, ou d'un avoué, ou de tout autre fondé de pouvoir spécial.

Dans ce dernier cas, le pouvoir sera annexé à la requête.

Cette requête pourra aussi être remise directement au greffe du tribunal où l'appel sera porté.

205. Le ministère public près le tribunal ou la cour qui doit connaître de l'appel, devra notifier son recours, soit au prévenu, soit à la personne civilement responsable du délit, dans les deux mois à compter du jour de la prononciation du jugement, ou, si le jugement lui a été légalement notifié par l'une des parties, dans le mois du jour de cette notification; sinon, il sera déchu.

206. La mise en liberté du prévenu acquitté ne pourra être suspendue, lorsqu'aucun appel n'aura été déclaré ou notifié dans les dix jours de la prononciation du jugement.

207. La requête, si elle a été remise au greffe du tribunal de première instance, et les pièces, seront envoyées, par le procureur impérial, au greffe de la cour ou du tribunal auquel l'appel sera porté, dans les vingt-quatre heures après la déclaration ou la remise de la notification d'appel.

Si celui contre lequel le jugement a été rendu, est en état d'arrestation, il sera, dans le même délai, et par ordre du procureur impérial, transféré dans la maison d'arrêt du lieu où siége la cour ou le tribunal qui jugera l'appel.

208. Les jugemens rendus par défaut sur l'appel, pourront être attaqués par la voie de l'opposition, dans la même forme et dans les mêmes délais que les jugemens par défaut rendus par les tribunaux correctionnels.

L'opposition emportera de droit citation à la première audience, et sera comme non avenue, si l'opposant n'y comparait pas. Le jugement qui interviendra sur l'opposition, ne pourra être attaqué par la partie qui l'aura formée, si ce n'est devant la cour de cassation.

209. L'appel sera jugé à l'audience, dans le mois, sur un rapport fait par l'un des juges.

210. A la suite du rapport, et avant que le rapporteur et les juges émettent leur opinion, le prévenu, soit qu'il ait été acquitté, soit qu'il ait été condamné, les personnes civilement responsables du délit, la partie civile, et le procureur impérial, seront entendus dans la forme et dans l'ordre prescrits par l'article 190.

211. Les dispositions des articles précédens sur la solennité de l'instruction, la nature des preuves, la forme, l'authenticité et la signature du jugement définitif de première instance, la condamnation aux frais, ainsi que les peines que ces articles prononcent, seront communes aux jugemens rendus sur l'appel.

212. Si le jugement est réformé parce que le fait n'est réputé délit ni contravention de police par aucune loi, la cour ou le tribunal renverra le prévenu, et statuera, s'il y a lieu, sur ses dommages-intérêts.

213. Si le jugement est annullé parce que le fait ne présente qu'une contravention de police, et si la partie publique et la partie civile n'ont pas demandé le renvoi, la cour ou le tribunal prononcera la peine, et statuera également, s'il y a lieu, sur les dommages-intérêts.

214. Si le jugement est annullé parce que le délit est de nature à mériter une peine afflictive ou infamante, la cour ou le tribunal décernera, s'il y a lieu, le mandat de dépôt, ou même le mandat d'arrêt, et renverra le prévenu devant le fonctionnaire public compétent, autre toutefois que celui qui aura rendu le jugement ou fait l'instruction.

215. Si le jugement est annullé pour violation ou omission non réparée de formes prescrites par la loi à peine de nullité, la cour ou le tribunal statuera sur le fond.

216. La partie civile, le prévenu, la partie publique, les personnes civilement responsables du délit, pourront se pourvoir en cassation contre le jugement.

TITRE II.

DES AFFAIRES QUI DOIVENT ÊTRE SOUMISES AU JURY.

(Loi décrétée le 9 Décembre 1808, promulguée le 19 du même mois.)

CHAPITRE I.er

Des Mises en accusation.

217. Le procureur général de la cour impériale sera tenu de mettre l'affaire en état dans les cinq jours de la réception des pièces qui lui auront été transmises en exécution de l'article 133 ou de l'article 135, et de faire son rapport dans les cinq jours suivans, au plus tard.

Pendant ce temps, la partie civile et le prévenu pourront fournir tels mémoires qu'ils estimeront convenables, sans que le rapport puisse être retardé.

218. Une section de la cour impériale, spécialement formée à cet effet, sera tenue de se réunir, au moins une fois par semaine, à la chambre du conseil, pour entendre le rapport du procureur général, et statuer sur ses réquisitions.

219. Le président sera tenu de faire prononcer la section au plus tard dans les trois jours du rapport du procureur général.

220. Si l'affaire est de la nature de celles qui sont réservées à la haute cour impériale, ou à la cour de cassation, le procureur général est tenu d'en requérir la suspension et le renvoi, et la section de l'ordonner.

221. Hors le cas prévu par l'article précédent, les juges examineront s'il existe contre le prévenu des preuves ou des indices d'un fait qualifié crime par la loi, et si ces preuves ou indices sont assez graves pour que la mise en accusation soit prononcée.

222. Le greffier donnera aux juges, en présence du procureur général, lecture de toutes les pièces du procès; elles seront ensuite laissées sur le bureau, ainsi que les mémoires que la partie civile et le prévenu auront fournis.

223. La partie civile, le prévenu, les témoins, ne paraîtront point.

224. Le procureur général, après avoir déposé sur le bureau sa réquisition écrite et signée, se retirera ainsi que le greffier.

225. Les juges délibéreront entre eux sans désemparer, et sans communiquer avec personne.

226. La cour statuera, par un seul et même arrêt, sur les délits connexes dont les pièces se trouveront en même temps produites devant elle.

227. Les délits sont connexes, soit lorsqu'ils ont été commis en même temps par plusieurs personnes réunies, soit lorsqu'ils ont été commis par différentes personnes, même en différens temps et en divers lieux, mais par suite d'un concert formé à l'avance entre elles, soit lorsque les coupables ont commis les uns pour se procurer les moyens de commettre les autres, pour en faciliter, pour en consommer l'exécution, ou pour en assurer l'impunité.

228. Les juges pourront ordonner, s'il y échet, des informations nouvelles;

Ils pourront également ordonner, s'il y a lieu, l'apport des pièces servant à conviction qui seront restées déposées au greffe du tribunal de première instance:

Le tout dans le plus court délai.

229. Si la cour n'aperçoit aucune trace d'un délit prévu par la loi, ou si elle ne trouve pas des indices suffisans de culpabilité, elle ordonnera la mise en liberté du prévenu; ce qui sera exécuté sur-le-champ, s'il n'est retenu pour autre cause.

Dans le même cas, lorsque la cour statuera sur une opposition à la mise en liberté du prévenu prononcée par les premiers juges, elle confirmera leur ordonnance; ce qui sera exécuté comme il est dit au précédent paragraphe.

230. Si la cour estime que le prévenu doit être renvoyé à un tribunal de simple police ou à un tribunal de police correctionnelle, elle prononcera le renvoi, et indiquera le tribunal qui doit en connaître.

Dans le cas de renvoi à un tribunal de simple police, le prévenu sera mis en liberté.

231. Si le fait est qualifié crime par la loi, et que la cour trouve des charges suffisantes pour motiver la mise en accusation, elle ordonnera le renvoi du prévenu soit aux assises, soit à la cour spéciale, dans le cas où cette cour serait compétente, d'après les règles établies au titre VI du présent livre.

Si le délit a été mal qualifié dans l'ordonnance de prise de corps, la cour l'annullera et en décernera une nouvelle.

Si la cour, en prononçant l'accusation du prévenu, statue sur une opposition à sa mise en liberté, elle annullera l'ordonnance des premiers juges, et décernera une ordonnance de prise de corps.

232. Toutes les fois que la cour décernera des ordonnances de prise de corps, elle se conformera au second paragraphe de l'article 134.

233. L'ordonnance de prise de corps, soit qu'elle ait été rendue par les premiers juges, soit qu'elle l'ait été par la cour, sera insérée dans l'arrêt de mise en accusation, lequel contiendra l'ordre de conduire l'accusé dans la maison de justice établie près la cour où il sera renvoyé.

234. Les arrêts seront signés par chacun des juges qui les auront rendus; il y sera fait mention, à peine de nullité, tant de la réquisition du ministère public, que du nom de chacun des juges.

235. Dans toutes les affaires, les cours impériales, tant qu'elles n'auront pas décidé s'il y a lieu de prononcer la mise en accusation, pourront d'office, soit qu'il y ait ou non une instruction commencée par les premiers juges, ordonner des poursuites, se faire apporter les pièces, informer ou faire informer, et statuer ensuite ce qu'il appartiendra.

236. Dans le cas du précédent article, un des membres de la section dont il est parlé en l'article 218, fera les fonctions de juge-instructeur.

237. Le juge entendra les témoins, ou commettra, pour recevoir leurs dépositions, un des juges du tribunal de première instance dans le ressort duquel ils demeurent, interrogera le prévenu, fera constater par écrit toutes les preuves ou indices qui pourront être recueillis, et décernera, suivant les circonstances, les mandats d'amener, de dépôt ou d'arrêt.

238. Le procureur général fera son rapport dans les cinq jours de la remise que le juge-instructeur lui aura faite des pièces.

239. Il ne sera décerné préalablement aucune ordonnance de prise de corps; et s'il résulte de l'examen, qu'il

y a lieu de renvoyer le prévenu à la cour d'assises, ou à la cour spéciale, ou au tribunal de police correctionnelle, l'arrêt portera cette ordonnance, ou celle de se représenter, si le prévenu a été admis à la liberté sous caution.

240. Seront, au surplus, observées les autres dispositions du présent Code qui ne sont point contraires aux cinq articles précédens.

241. Dans tous les cas où le prévenu sera renvoyé à la cour d'assises ou à la cour spéciale, le procureur général sera tenu de rédiger un acte d'accusation.

L'acte d'accusation exposera, 1.º la nature du délit qui forme la base de l'accusation, 2.º le fait et toutes les circonstances qui peuvent aggraver ou diminuer la peine; le prévenu y sera dénommé et clairement désigné.

L'acte d'accusation sera terminé par le résumé suivant :

En conséquence N... est accusé d'avoir commis tel meurtre, tel vol, ou tel autre crime, avec telle et telle circonstance.

242. L'arrêt de renvoi et l'acte d'accusation seront signifiés à l'accusé, et il lui sera laissé copie du tout.

243. Dans les vingt-quatre heures qui suivront cette signification, l'accusé sera transféré de la maison d'arrêt dans la maison de justice établie près la cour où il doit être jugé.

244. Si l'accusé ne peut être saisi ou ne se présente point, on procédera contre lui par contumace, ainsi qu'il sera réglé ci-après au chapitre II du titre IV du présent livre.

245. Le procureur général donnera avis de l'arrêt de renvoi à la cour d'assises ou à la cour spéciale, tant au maire du lieu du domicile de l'accusé, s'il est connu, qu'à celui du lieu où le délit a été commis.

246. Le prévenu à l'égard duquel la cour impériale aura décidé qu'il n'y a pas lieu au renvoi à l'une de ces

cours, ne pourra plus y être traduit à raison du même
fait, à moins qu'il ne survienne de nouvelles charges.

247. Sont considérés comme charges nouvelles, les
déclarations de témoins, pièces et procès-verbaux, qui,
n'ayant pu être soumis à l'examen de la cour impériale,
sont cependant de nature, soit à fortifier les preuves que
la cour aurait trouvées trop faibles, soit à donner aux
faits de nouveaux développemens utiles à la manifestation
de la vérité.

248. En ce cas, l'officier de police judiciaire, ou le
juge d'instruction, adressera, sans délai, copie des pièces
et charges au procureur général de la cour impériale; et
sur la réquisition du procureur général, le président de
la section criminelle indiquera le juge devant lequel il
sera, à la poursuite de l'officier du ministère public, procédé à une nouvelle instruction, conformément à ce qui a
été prescrit.

Pourra toutefois le juge d'instruction décerner, s'il y
a lieu, sur les nouvelles charges, et avant leur envoi au
procureur général, un mandat de dépôt contre le prévenu
qui aurait été déjà mis en liberté d'après les dispositions
de l'article 229.

249. Le procureur impérial enverra, tous les huit
jours, au procureur général, une notice de toutes les affaires criminelles, de police correctionnelle ou de simple
police, qui seront survenues.

250. Lorsque, dans la notice des causes de police correctionnelle ou de simple police, le procureur général trouvera qu'elles présentent des caractères plus graves, il pourra
ordonner l'apport des pièces dans la quinzaine seulement
de la réception de la notice, pour ensuite être par lui fait,
dans un autre délai de quinzaine du jour de la réception
des pièces, telles réquisitions qu'il estimera convenables,
et par la cour être ordonné, dans le délai de trois jours,
ce qu'il appartiendra.

CHAPITRE II.

De la Formation des Cours d'assises.

251. Il sera tenu des assises dans chaque département, pour juger les individus que la cour impériale y aura renvoyés.

252. Dans le département où siége la cour impériale, les assises seront tenues par cinq de ses membres, dont l'un sera président.

Le procureur général, ou l'un de ses substituts, y remplira les fonctions du ministère public.

Le greffier de la cour y exercera ses fonctions.

253. Dans les autres départemens, la cour d'assises sera composée, 1.º d'un membre de la cour impériale, délégué à cet effet, et qui sera le président des assises; 2.º de quatre juges, pris parmi les présidens et les juges plus anciens du tribunal de première instance du lieu de la tenue des assises; 3.º d'un substitut du procureur général, qui portera le titre de procureur impérial criminel; 4.º du greffier du tribunal de première instance.

254. La cour impériale pourra cependant déléguer un ou plusieurs de ses membres, pour compléter le nombre des quatre juges de la cour d'assises.

255. Si le nombre de ces délégués est au-dessous de celui des juges qui, avec le président, doivent composer la cour, ce nombre sera complété dans le tribunal de première instance, suivant la règle établie en l'article 253.

256. Dans tous les cas, les juges-auditeurs pourront être envoyés à la cour d'assises, pour y faire le service de juges, si toutefois ils ont l'âge requis.

257. Les membres de la cour impériale qui auront voté sur la mise en accusation, ne pourront, dans la même affaire, ni présider les assises, ni assister le président, à peine de nullité.

I. C. 4

Il en sera de même à l'égard du juge d'instruction.

258. Les assises se tiendront ordinairement dans le chef-lieu de chaque département.

La cour impériale pourra néanmoins désigner un tribunal autre que celui du chef-lieu.

259. La tenue des assises aura lieu tous les trois mois.
Elles pourront se tenir plus souvent, si le besoin l'exige.

260. Le jour où les assises doivent s'ouvrir, sera fixé par le président de la cour d'assises.

Les assises ne seront closes qu'après que toutes les affaires criminelles qui étoient en état lors de leur ouverture, y auront été portées.

261. Les accusés qui ne seront arrivés dans la maison de justice qu'après l'ouverture des assises, ne pourront y être jugés que lorsque le procureur général l'aura requis, lorsque les accusés y auront consenti, et lorsque le président l'aura ordonné.

En ce cas, le procureur général et les accusés seront considérés comme ayant renoncé à la faculté de se pourvoir en nullité contre l'arrêt portant renvoi à la cour d'assises.

262. Les arrêts de la cour d'assises ne pourront être attaqués que par la voie de la cassation et dans les formes déterminées par la loi.

263. Si, depuis la notification faite aux jurés en exécution de l'article 389 du présent Code, le président de la cour d'assises se trouve dans l'impossibilité de remplir ses fonctions, il sera remplacé par le plus ancien des autres juges de la cour impériale nommés ou délégués pour l'assister; et, s'il n'a pour assesseur aucun juge de la cour impériale, par le président du tribunal de première instance.

264. Les juges de la cour impériale seront, en cas d'absence ou de tout autre empêchement, remplacés par d'autres juges de la même cour, et à leur défaut par des

juges de première instance; ceux de première instance le seront par les suppléans.

Les juges-auditeurs qui seront présens et auront l'âge requis, concourront pour le remplacement avec les juges de première instance, suivant l'ordre de leur réception.

265. Le procureur général pourra, même étant présent, déléguer ses fonctions à l'un de ses substituts.

Cette disposition est commune à la cour impériale et à la cour d'assises.

§. I.er

Fonctions du Président.

266. Le président est chargé, 1.º d'entendre l'accusé lors de son arrivée dans la maison de justice; 2.º de convoquer les jurés, et de les tirer au sort.

Il pourra déléguer ces fonctions à l'un des juges.

267. Il sera de plus chargé personnellement de diriger les jurés dans l'exercice de leurs fonctions, de leur exposer l'affaire sur laquelle ils auront à délibérer, même de leur rappeler leur devoir, de présider à toute l'instruction, et de déterminer l'ordre entre ceux qui demanderont à parler.

Il aura la police de l'audience.

268. Le président est investi d'un pouvoir discrétionnaire, en vertu duquel il pourra prendre sur lui tout ce qu'il croira utile pour découvrir la vérité; et la loi charge son honneur et sa conscience d'employer tous ses efforts pour en favoriser la manifestation.

269. Il pourra, dans le cours de débats, appeler, même par mandat d'amener, et entendre toutes personnes, ou se faire apporter toutes nouvelles pièces qui lui paraîtraient, d'après les nouveaux développemens donnés à l'audience, soit par les accusés, soit par les témoins, pouvoir répandre un jour utile sur le fait contesté.

Les témoins ainsi appelés ne préteront point serment, et leurs déclarations ne seront considérées que comme renseignemens.

270. Le président devra rejeter tout ce qui tendrait à prolonger les débats sans donner lieu d'espérer plus de certitude dans les résultats.

§. II.

Fonctions du Procureur général impérial.

271. Le procureur général impérial poursuivra, soit par lui-même, soit par son substitut, toute personne mise en accusation suivant les formes prescrites au chapitre I.ᵉʳ du présent titre. Il ne pourra porter à la cour aucune autre accusation, à peine de nullité, et, s'il y a lieu, de prise à partie.

272. Aussitôt que le procureur général ou son substitut aura reçu les pièces, il apportera tous ses soins à ce que les actes préliminaires soient faits et que tout soit en état, pour que les débats puissent commencer à l'époque de l'ouverture d'assises.

273. Il assistera aux débats; il requerra l'application de la peine; il sera présent à la prononciation de l'arrêt.

274. Le procureur général, soit d'office, soit par les ordres du grand-juge ministre de la justice, charge le procureur impérial de poursuivre les délits dont il a connaissance.

275. Il reçoit les dénonciations et les plaintes qui lui sont adressées directement, soit par la cour impériale, soit par un fonctionnaire public, soit par un simple citoyen, et il en tient registre.

Il les transmet aux procureurs impériaux.

276. Il fait, au nom de la loi, toutes les réquisitions qu'il juge utiles; la cour est tenue de lui en donner acte et d'en délibérer.

277. Les réquisitions du procureur général doivent être de lui signées ; celles faites dans le cours d'un débat seront retenues par le greffier sur son procès-verbal, et elles seront aussi signées par le procureur général : toutes les décisions auxquelles auront donné lieu ces réquisitions, seront signées par le juge qui aura présidé et par le greffier.

278. Lorsque la cour ne déférera pas à la réquisition du procureur général, l'instruction ni le jugement ne seront arrêtés ni suspendus, sauf après l'arrêt, s'il y a lieu, le recours en cassation par le procureur général.

279. Tous les officiers de police judiciaire, même les juges d'instruction, sont soumis à la surveillance du procureur général.

Tous ceux qui, d'après l'article 9 du présent Code, sont, à raison de fonctions, même administratives, appelés par la loi à faire quelques actes de police judiciaire, sont, sous ce rapport seulement, soumis à la même surveillance.

280. En cas de négligence des officiers de police judiciaire et des juges d'instruction, le procureur général les avertira : cet avertissement sera consigné par lui sur un registre tenu à cet effet.

281. En cas de récidive, le procureur général les dénoncera à la cour.

Sur l'autorisation de la cour, le procureur général les fera citer à la chambre du conseil.

La cour leur enjoindra d'être plus exacts à l'avenir, et les condamnera aux frais tant de la citation que de l'expédition et de la signification de l'arrêt.

282. Il y aura récidive, lorsque le fonctionnaire sera repris, pour quelque affaire que ce soit, avant l'expiration d'une année, à compter du jour de l'avertissement consigné sur le registre.

283. Dans tous les cas où les procureurs-généraux et les présidens sont autorisés à remplir les fonctions d'offi-

cier de police judiciaire ou de juge d'instruction, ils pourront déléguer au procureur-impérial, au juge d'instruction, et au juge de paix, même d'un arrondissement communal voisin du lieu du délit, les fonctions qui leur sont respectivement attribuées, autres que le pouvoir de délivrer les mandats d'amener, de dépôt et d'arrêt contre les prévenus.

§. III.

Fonctions du Procureur impérial criminel.

284. Le procureur impérial criminel dont il est parlé en l'article 253, remplacera, près la cour d'assises, le procureur général-impérial dans les départemens autres que celui où siége la cour impériale, sans préjudice de la faculté que le procureur général aura toujours de s'y rendre lui-même pour y exercer ses fonctions.

285. Ce substitut résidera dans le chef-lieu du département.

286. Si les assises se tiennent dans une autre ville que le chef-lieu, il s'y transportera.

287. Le procureur impérial criminel remplira aussi les fonctions du ministère public dans l'instruction et dans le jugement des appels de police correctionnelle.

288. En cas d'empéchement momentané, il sera remplacé par le procureur impérial du tribunal de première instance du chef-lieu.

289. Il surveillera les officiers de police judiciaire du département.

290. Il rendra compte au procureur général impérial, une fois tous les trois mois, et plus souvent s'il en est requis, de l'état de la justice du département, en matière criminelle, de police correctionnelle et de simple police.

CHAPITRE III.

De la procédure devant la cour d'assises.

291. Quand l'accusation aura été prononcée, si l'affaire ne doit pas être jugée dans le lieu où siége la cour impériale, le procès sera, par les ordres du procureur général, envoyé, dans les vingt quatre heures, au greffe du tribunal de première instance du chef-lieu du département, ou au greffe du tribunal qui pourrait avoir été désigné.

Dans tous les cas, les pièces servant à conviction qui seront restées déposées au greffe du tribunal d'instruction, ou qui auraient été apportées à celui de la cour impériale, seront réunies dans le même délai au greffe où doivent être remises les pièces du procès.

292. Les vingt-quatre heures courront du moment de la signification, faite à l'accusé, de l'arrêt de renvoi devant la cour d'assises.

L'accusé, s'il est détenu, sera, dans le même délai, envoyé dans la maison de justice du lieu où doivent se tenir les assises.

293. Vingt-quatre heures au plus tard après la remise des pièces au greffe et l'arrivée de l'accusé dans la maison de justice, celui-ci sera interrogé par le président de la cour d'assises, ou par le juge qu'il aura délégué.

294. L'accusé sera interpellé de déclarer le choix qu'il aura fait d'un conseil pour l'aider dans sa défense, sinon le juge lui en désignera un sur-le-champ ; à peine de nullité de tout ce qui suivra.

Cette désignation sera comme non avenue, et la nullité ne sera pas prononcée, si l'accusé choisit un conseil.

295. Le conseil de l'accusé ne pourra être choisi par lui ou désigné par le juge que parmi les avocats ou avoués de la cour impériale ou de son ressort, à moins que l'accusé n'obtienne du président de la cour d'assises

la permission de prendre pour conseil un de ses parens
ou amis.

296. Le juge avertira de plus l'accusé, que, dans le
cas où il se croirait fondé à former une demande en nullité, il doit faire sa déclaration dans les cinq jours suivans, et qu'après l'expiration de ce délai, il n'y sera plus
recevable.

L'exécution du présent article et des deux précédens
sera constatée par un procès-verbal, que signeront l'accusé, le juge et le greffier: si l'accusé ne sait ou ne veut
pas signer, le procès-verbal en fera mention.

297. Si l'accusé n'a point été averti, conformément
au précédent article, la nullité ne sera pas couverte par
son silence; ses droits seront conservés, sauf à les faire
valoir après l'arrêt définitif.

298. Le procureur général est tenu de faire sa déclaration dans le même délai, à compter de l'interrogatoire, et sous la même peine de déchéance portée en l'article 296.

299. La déclaration de l'accusé et celle du procureur
général doivent énoncer l'objet de la demande en nullité.

Cette demande ne peut être formée que contre l'arrêt
de renvoi à la cour d'assises, et dans les trois cas suivans:

1.º Si le fait n'est pas qualifié crime par la loi;

2.º Si le ministère public n'a pas été entendu;

3.º Si l'arrêt n'a pas été rendu par le nombre de juges fixé par la loi.

300. La déclaration doit être faite au greffe.

Aussitôt qu'elle aura été reçue par le greffier, l'expédition de l'arrêt sera transmise par le procureur général
de la cour impériale au procureur général de la cour de
cassation, laquelle sera tenue de prononcer, toutes affaires cessantes,

301. Nonobstant la demande en nullité, l'instruction sera continuée jusqu'aux débats exclusivement.

302. Le conseil pourra communiquer avec l'accusé après son interrogatoire.

Il pourra aussi prendre communication de toutes les pièces, sans déplacement et sans retarder l'instruction.

303. S'il y a de nouveaux témoins à entendre et qu'ils résident hors du lieu où se tient la cour d'assises, le président ou le juge qui le remplace, pourra commettre, pour recevoir leurs dépositions, le juge d'instruction de l'arrondissement où ils résident, ou même d'un autre arrondissement: celui-ci, après les avoir reçues, les enverra closes et cachetées au greffier qui doit exercer ses fonctions à la cour d'assises.

304. Les témoins qui n'auront pas comparu sur la citation du président ou du juge commis par lui, et qui n'auront pas justifié qu'ils en étaient légitimément empêchés, ou qui refuseront de faire leurs dépositions, seront jugés par la cour d'assises, et punis conformément à l'article 80.

305. Les conseils des accusés pourront prendre ou faire prendre, à leurs frais, copie de telles pièces du procès qu'ils jugeront utiles à leur défense.

Il ne sera délivré gratuitement aux accusés, en quelque nombre qu'ils puissent être, et dans tous les cas, qu'une seule copie des procès-verbaux constatant le délit, et des déclarations écrites des témoins.

Les présidens, les juges et le procureur général, sont tenus de veiller à l'exécution du présent article.

306. Si le procureur général ou l'accusé ont des motifs pour demander que l'affaire ne soit pas portée à la première assemblée du jury, ils présenteront au président de la cour d'assises une requête en prorogation de délai.

Le président décidera si cette prorogation doit être accordée; il pourra aussi, d'office, proroger le délai.

307. Lorsqu'il aura été formé, à raison du même délit, plusieurs actes d'accusation contre différens accusés le procureur général pourra en requérir la jonction; et le président pourra l'ordonner, même d'office.

308. Lorsque l'acte d'accusation contiendra plusieurs délits non connexes, le procureur général pourra requérir que les accusés ne soient mis en jugement, quant à présent, que sur l'un ou quelques-uns de ces délits, et le président pourra l'ordonner d'office.

309. Au jour fixé pour l'ouverture des assises, la cour ayant pris séance, douze jurés se placeront, dans l'ordre désigné par le sort, sur des siéges separés du public, des parties et des témoins, en face de celui qui est destiné à l'accusé.

CHAPITRE IV.

De l'examen, du jugement et de l'exécution.

SECTION Ire.

De l'examen.

310. L'accusé comparaîtra libre, et seulement accompagné de gardes pour l'empêcher de s'évader. Le président lui demandera son nom, ses prénoms, son âge, sa profession, sa demeure et le lieu de sa naissance.

311. Le président avertira le conseil de l'accusé, qu'il ne peut rien dire contre sa conscience ou contre le respect dû aux lois, et qu'il doit s'exprimer avec décence et modération.

312. Le président adressera aux jurés, debout et découverts, le discours suivant:

« Vous jurez et promettez devant Dieu et devant les
« hommes, d'examiner avec l'attention la plus scrupuleu-
« se les charges qui seront portées contre N.; de ne tra-
« hir ni les intérêts de l'accusé, ni ceux de la société,
« qui l'accuse; de ne communiquer avec personne jus-

" qu'après votre déclaration; de n'écouter ni la haine
" ou la méchanceté, ni la crainte ou l'affection; de vous
" décider d'après les charges et les moyens de défense,
" suivant votre conscience et votre intime conviction,
" avec l'impartialité et la fermeté qui conviennent à un
" homme probe et libre. "

Chacun des jurés, appelé individuellement par le président, répondra, en levant la main, *Je le jure*; à peine de nullité.

313. Immédiatement après, le président avertira l'accusé d'être attentif à ce qu'il va entendre.

Il ordonnera au greffier de lire l'arrêt de la cour impériale portant renvoi à la cour d'assises, et l'acte d'accusation.

Le greffier fera cette lecture à haute voix.

314. Après cette lecture, le président rappellera à l'accusé ce qui est contenu en l'acte d'accusation, et lui dira : " Voilà de quoi vous êtes accusé; vous allez en-
" tendre les charges qui seront produites contre vous. "

315. Le procureur général exposera le sujet de l'accusation; il présentera ensuite la liste des témoins qui devront être entendus soit à sa requête, soit à la requête de la partie civile, soit à celle de l'accusé.

Cette liste sera lue à haute voix par le greffier.

Elle ne pourra contenir que les témoins dont les noms, profession et résidence auront été notifiés, vingt-quatre heures au moins avant l'examen de ces témoins, à l'accusé, par le procureur général ou la partie civile, et au procureur général par l'accusé; sans préjudice de la faculté accordée au président par l'article 269.

L'accusé et le procureur général pourront, en conséquence, s'opposer à l'audition d'un témoin qui n'aurait pas été indiqué ou qui n'aurait pas été clairement désigné dans l'acte de notification.

La cour statuera de suite sur cette opposition.

316. Le président ordonnera aux témoins de se retirer dans la chambre qui leur sera destinée. Ils n'en sortiront que pour déposer. Le président prendra des précautions, s'il en est besoin, pour empêcher les témoins de conférer entre eux du délit et de l'accusé, avant leur déposition.

317. Les témoins déposeront séparément l'un de l'autre, dans l'ordre établi par le procureur général. Avant de déposer, ils prêteront, à peine de nullité, le serment de parler sans haine et sans crainte, de dire toute la vérité et rien que la vérité.

Le président leur demandera leurs noms, prénoms, âge, profession, leur domicile ou résidence, s'ils connaissaient l'accusé avant le fait mentionné dans l'acte d'accusation, s'ils sont parens ou alliés, soit de l'accusé, soit de la partie civile, et à quel degré; il leur demandera encore s'ils ne sont pas attachés au service de l'un ou de l'autre : cela fait, les témoins déposeront oralement.

318. Le président fera tenir note par le greffier, des additions, changemens ou variations qui pourraient exister entre la déposition d'un témoin et ses précédentes déclarations.

Le procureur général et l'accusé pourront requérir le président de faire tenir les notes de ces changemens, additions et variations.

319. Après chaque déposition, le président demandera au témoin si c'est de l'accusé présent qu'il a entendu parler; il demandera ensuite à l'accusé s'il veut répondre à ce qui vient d'être dit contre lui.

Le témoin ne pourra être interrompu : l'accusé ou son conseil pourront le questionner par l'organe du président, après sa déposition, et dire, tant contre lui que contre son témoignage, tout ce qui pourra être utile à la défense de l'accusé.

Le président pourra également demander au témoin et à l'accusé, tous les éclaircissemens qu'il croira nécessaires à la manifestation de la vérité.

Les juges, le procureur général et les jurés auront la même faculté, en demandant la parole au président. La partie civile ne pourra faire de questions, soit au témoin, soit à l'accusé, que par l'organe du président.

320. Chaque témoin, après sa déposition, restera dans l'auditoire, si le président n'en a ordonné autrement, jusqu'à ce que les jurés se soient retirés pour donner leur déclaration.

321. Après l'audition des témoins produits par le procureur général et par la partie civile, l'accusé fera entendre ceux dont il aura notifié la liste, soit sur les faits mentionnés dans l'acte d'accusation, soit pour attester qu'il est homme d'honneur, de probité, et d'une conduite irréprochable.

Les citations faites à la requête des accusés seront à leurs frais, ainsi que les salaires des témoins cités, s'ils en requièrent, sauf au procureur général impérial à faire citer à sa requête les témoins qui lui seront indiqués par l'accusé, dans le cas où il jugerait que leur déclaration pût être utile pour la découverte de la vérité.

322. Ne pourront être reçues les dépositions,

1°. Du père, de la mère, de l'aïeul, de l'aïeule, ou de tout autre ascendant de l'accusé ou de l'un des coaccusés présens et soumis au même débat;

2°. Du fils, fille, petit-fils, petite-fille, ou de tout autre descendant;

3°. Des frères et sœurs;

4°. Des alliés aux mêmes degrés;

5°. Du mari ou de la femme, même après le divorce prononcé;

6°. Des dénonciateurs dont la dénonciation est récompensée pécuniairement par la loi;

Sans néanmoins que l'audition des personnes ci-dessus désignées puisse opérer une nullité, lorsque, soit le procureur général, soit la partie civile, soit les accusés, ne se sont pas opposés à ce qu'elles soient entendues.

3ɜ3. Les dénonciateurs autres que ceux récompensés pécuniairement par la loi, pourront être entendus en témoignage; mais le jury sera averti de leur qualité de dénonciateurs.

3ɜ4. Les témoins produits par le procureur général ou par l'accusé seront entendus dans le débat, même lorsqu'ils n'auraient pas préalablement déposé par écrit, lorsqu'ils n'auraient reçu aucune assignation, pourvu, dans tous les cas que ces témoins soient portés sur la liste mentionnée dans l'article 3ɪ5.

3ɜ5. Les témoins, par quelque partie qu'ils soient produits, ne pourront jamais s'interpeller entre eux.

3ɜ6. L'accusé pourra demander, après qu'ils auront déposé, que ceux qu'il désignera se retirent de l'auditoire, et qu'un ou plusieurs d'entre eux soient introduits et entendus de nouveau, soit séparément, soit en présence les uns des autres.

Le procureur général aura la même faculté.

Le président pourra aussi l'ordonner d'office.

3ɜ7. Le président pourra, avant, pendant ou après l'audition d'un témoin, faire retirer un ou plusieurs accusés, et les examiner séparément sur quelques circonstances du procès; mais il aura soin de ne reprendre la suite des débats généraux, qu'après avoir instruit chaque accusé de ce qui se sera fait en son absence, et de ce qui en sera résulté.

3ɜ8. Pendant l'examen, les jurés, le procureur général et les juges pourront prendre note de ce qui leur paraîtra important, soit dans les dépositions des témoins, soit dans la défense de l'accusé, pourvu que la discussion n'en soit pas interrompue.

329. Dans le cours ou à la suite des dépositions, le président fera représenter à l'accusé toutes les pièces relatives au délit, et pouvant servir à conviction; il l'interpellera de répondre personnellement s'il les reconnaît: le président les fera aussi représenter aux témoins, s'il y a lieu.

330. Si, d'après les débats, la déposition d'un témoin paraît fausse, le président pourra, sur la réquisition soit du procureur général, soit de la partie civile, soit de l'accusé, et même d'office, faire sur-le-champ mettre le témoin en état d'arrestation. Le procureur général, et le président ou l'un des juges par lui commis, rempliront à son égard, le premier, les fonctions d'officier de police judiciaire, le second, les fonctions attribuées aux juges d'instruction dans les autres cas.

Les pièces d'instruction seront ensuite transmises à la cour impériale, pour y être statué sur la mise en accusation.

331. Dans le cas de l'article précédent, le procureur général, la partie civile ou l'accusé, pourront immédiatement requérir, et la cour ordonner, même d'office, le renvoi de l'affaire à la prochaine session.

332. Dans le cas où l'accusé, les témoins ou l'un d'eux ne parleraient pas la même langue ou le même idiome, le président nommera d'office, à peine de nullité, un interprète âgé de vingt-un ans au moins, et lui fera, sous la même peine, prêter serment de traduire fidèlement les discours à transmettre entre ceux qui parlent des langages différens.

L'accusé et le procureur général pourront récuser l'interprète, en motivant leur récusation.

La cour prononcera.

L'interprète ne pourra, à peine de nullité, même du consentement de l'accusé ni du procureur général, être pris parmi les témoins, les juges et les jurés.

333. Si l'accusé est sourd-muet, et ne sait pas écrire, le président nommera d'office pour son interprète la personne qui aura le plus d'habitude de converser avec lui.

Il en sera de même à l'égard du témoin sourd-muet.

Le surplus des dispositions du précédent article sera exécuté.

Dans le cas où le sourd-muet saurait écrire, le greffier écrira les questions et observations qui lui seront faites ; elles seront remises à l'accusé ou au témoin, qui donneront par écrit leurs réponses ou déclarations. Il sera fait lecture du tout par le greffier

334. Le président déterminera celui des accusés qui devra être soumis le premier aux débats, en commençant par le principal accusé, s'il y en a un.

Il se fera ensuite un débat particulier sur chacun des autres accusés.

335. A la suite des dépositions des témoins, et des dires respectifs auxquels elles auront donné lieu, la partie civile ou son conseil et le procureur général seront entendus, et développeront les moyens qui appuient l'accusation.

L'accusé et son conseil pourront leur répondre.

La réplique sera permise à la partie civile et au procureur général ; mais l'accusé ou son conseil auront toujours la parole les derniers.

Le président déclarera ensuite que les débats sont terminés.

336. Le président résumera l'affaire.

Il fera remarquer aux jurés les principales preuves pour ou contre l'accusé.

Il leur rappellera les fonctions qu'ils auront à remplir.

Il posera les questions ainsi qu'il sera dit ci-après.

337. La question résultant de l'acte d'accusation sera posée en ces termes :

» L'accusé est-il coupable d'avoir commis tel meurtre,
» tel vol ou tel autre crime, avec toutes les circonstances
» comprises dans le résumé de l'acte d'accusation ? «

338. S'il résulte des débats une ou plusieurs circonstances aggravantes, non mentionnées dans l'acte d'accusation, le président ajoutera la question suivante :

» L'accusé a-t-il commis le crime avec telle ou telle
» circonstance ? «

339. Lorsque l'accusé aura proposé pour excuse un
fait admis comme tel par la loi, la question sera ainsi
posée :

» Tel fait est-il constant ? «

340. Si l'accusé a moins de seize ans, le président
posera cette question :

» L'accusé a-t-il agi avec discernement ? «

341. Le président, après avoir posé les questions, les
remettra aux jurés dans la personne du chef du jury; il
leur remettra en même temps l'acte d'accusation, les procès-
verbaux qui constatent le délit, et les pièces du procès,
autres que les déclarations écrites des témoins.

Il avertira les jurés que si l'accusé est déclaré coupable
du fait principal à la simple majorité, ils doivent en faire
mention en tête de leur déclaration.

Il fera retirer l'accusé de l'auditoire.

342. Les questions étant posées et remises aux jurés,
ils se rendront dans leur chambre pour y délibérer.

Leur chef sera le premier juré sorti par le sort, ou
celui qui sera désigné par eux et du consentement de ce
dernier.

Avant de commencer la délibération, le chef des jurés
leur fera lecture de l'instruction suivante, qui sera, en
outre, affichée en gros caractères dans le lieu le plus ap-
parent de leur chambre :

» La loi ne demande pas compte aux jurés des moyens
» par lesquels ils se sont convaincus; elle ne leur prescrit

» point de règles desquelles ils doivent faire particulière-
» ment dépendre la plénitude et la suffisance d'une preuve :
» elle leur prescrit de s'interroger eux-mêmes dans le si-
» lence et le recueillement, et de chercher, dans la sin-
» cérité de leur conscience, quelle impression ont faite
» sur leur raison les preuves rapportées contre l'accusé, et
» les moyens de sa défense.   La loi ne leur dit point,
» *Vous tiendrez pour vrai tout fait attesté par tel ou tel*
» *nombre de témoins;* elle ne leur dit pas non plus, *Vous*
» *ne regarderez pas comme suffisamment établie toute*
» *preuve qui ne sera pas formée de tel procès-verbal, de*
» *telles pièces, de tant de témoins ou de tant d'indices;*
» elle ne leur fait que cette seule question, qui renferme
» toute la mesure de leurs devoirs, *Avez-vous une intime*
» *conviction?* «

» Ce qu'il est bien essentiel de ne pas perdre de vue,
» c'est que toute la délibération du jury porte sur l'acte
» d'accusation; c'est aux faits qui le constituent et qui en
» dépendent, qu'ils doivent uniquement s'attacher; et ils
» manquent à leur premier devoir, lorsque, pensant aux
» dispositions des lois pénales, ils considèrent les suites
» que pourra avoir, par rapport à l'accusé, la déclaration
» qu'ils ont à faire. Leur mission n'a pas pour objet la
» poursuite ni la punition des délits; ils ne sont appelés
» que pour décider si l'accusé est, ou non, coupable du
» crime qu'on lui impute. «

343. Les jurés ne pourront sortir de leur chambre
qu'après avoir formé leur déclaration.

L'entrée n'en pourra être permise pendant leur délibération, pour quelque cause que ce soit, que par le
président et par écrit.

Le président est tenu de donner au chef de la gendarmerie de service, l'ordre spécial et par écrit de faire
garder les issues de leur chambre : ce chef sera dénommé
et qualifié dans l'ordre.

La cour pourra punir le juré contrevenant, d'une amende de cinq cents francs au plus. Tout autre qui aura enfreint l'ordre, ou celui qui ne l'aura pas fait exécuter, pourra être puni d'un emprisonnement de vingt-quatre heures.

344. Les jurés délibéreront sur le fait principal, et ensuite sur chacune des circonstances.

345. Le chef du jury les interrogera d'après les questions posées, et chacun d'eux répondra ainsi qu'il suit :

1.º Si le juré pense que le fait n'est pas constant, ou que l'accusé n'en est pas convaincu, il dira,

Non, l'accusé n'est pas coupable.

En ce cas, le juré n'aura rien de plus à répondre.

2.º S'il pense que le fait est constant, et que l'accusé en est convaincu, il dira,

Oui, l'accusé est coupable d'avoir commis le crime, avec toutes les circonstances comprises dans la position des questions.

3.º S'il pense que le fait est constant, que l'accusé en est convaincu, mais que la preuve n'existe qu'à l'égard de quelques-unes des circonstances, il dira,

Oui, l'accusé est coupable d'avoir commis le crime avec telle circonstance, mais il n'est pas constant qu'il l'ait fait avec telle autre.

4.º S'il pense que le fait est constant, que l'accusé en est convaincu, mais qu'aucune des circonstances n'est prouvée, il dira,

Oui, l'accusé est coupable, mais sans aucune des circonstances.

346. Le juré fera de plus, s'il y a lieu, une réponse particulière pour les cas prévus par les articles 339 et 340.

347. La décision du jury se formera pour ou contre l'accusé, à la majorité, à peine de nullité.

En cas d'égalité de voix, l'avis favorable à l'accusé prévaudra.

348. Les jurés rentreront ensuite dans l'auditoire, et reprendront leur place.

Le président leur demandera quel est le résultat de leur délibération.

Le chef du jury se levera, et, la main placée sur son cœur, il dira, *Sur mon honneur et ma conscience, devant Dieu et devant les hommes, la déclaration du jury est : Oui, l'accusé etc. Non, l'accusé etc.*

349. La déclaration du jury sera signée par le chef et remise par lui au président, le tout en présence des jurés.

Le président la signera, et la fera signer par le greffier.

350. La déclaration du jury ne pourra jamais être soumise à aucun recours.

351. Si néanmoins l'accusé n'est déclaré coupable du fait principal qu'à une simple majorité, les juges délibéreront entre eux sur le même point; et si l'avis de la minorité des jurés est adoptée par la majorité des juges, de telle sorte qu'en réunissant le nombre des voix, ce nombre excède celui de la majorité des jurés et de la minorité des juges, l'avis favorable à l'accusé prévaudra.

352. Si, hors le cas prévu par le précédent article, les juges sont unanimement convaincus que les jurés, tout en observant les formes, se sont trompés au fond, la cour déclarera qu'il est sursis au jugement, et renverra l'affaire à la session suivante, pour être soumise à un nouveau jury, dont ne pourra faire partie aucun des premiers jurés.

Nul n'aura le droit de provoquer cette mesure; la cour ne pourra l'ordonner que d'office, et immédiatement après que la déclaration du jury aura été prononcée publiquement, et dans le cas où l'accusé aura été convaincu, jamais lorsqu'il n'aura pas été déclaré coupable.

La cour sera tenu de prononcer immédiatement après la déclaration du second jury, même quand elle serait conforme à la première.

353. L'examen et les débats, une fois entamés, devront être continués sans interruption, et sans aucune espèce de communication au dehors, jusqu'après la déclaration du jury inclusivement. Le président ne pourra les suspendre que pendant les intervalles nécessaires pour le repos des juges, des jurés, des témoins et des accusés.

354. Lorsqu'un témoin qui aura été cité, ne comparaîtra pas, la cour pourra, sur la réquisition du procureur général, et avant que les débats soient ouverts par la déposition du premier témoin inscrit sur la liste, renvoyer l'affaire à la prochaine session.

355. Si, à raison de la non-comparution du témoin, l'affaire est renvoyée à la session suivante, tous les frais de citation, actes, voyages de témoins, et autres ayant pour objet de faire juger l'affaire, seront à la charge de ce témoin : et il y sera contraint, même par corps, sur la réquisition du procureur général, par l'arrêt qui renverra les débats à la session suivante.

Le même arrêt ordonnera de plus, que ce témoin sera amené par la force publique devant la cour, pour y être entendu.

Et néanmoins, dans tous les cas, le témoin qui ne comparaîtra pas, ou qui refusera soit de prêter serment, soit de faire sa déposition, sera condamné à la peine portée en l'article 80.

356. La voie de l'opposition sera ouverte contre ces condamnations, dans les dix jours de la signification qui en aura été faite au témoin condamné ou à son domicile, outre un jour par cinq myriamètres ; et l'opposition sera reçue s'il prouve qu'il a été légitimement empêché, ou que l'amende contre lui prononcée doit être modérée.

SECTION II.

Du Jugement et de l'Exécution.

357. Le président fera comparaître l'accusé, et le greffier lira en sa présence la déclaration du jury.

358. Lorsque l'accusé aura été déclaré non coupable, le président prononcera qu'il est acquitté de l'accusation, et ordonnera qu'il soit mis en liberté, s'il n'est retenu pour autre cause.

La cour statuera ensuite sur les dommages-intérêts respectivement prétendus, après que les parties auront proposé leurs fins de non-recevoir ou leurs défenses, et que le procureur général aura été entendu.

La cour pourra néanmoins, si elle le juge convenable, commettre l'un des juges, pour entendre les parties, prendre connaissance des pièces, et faire son rapport à l'audience, où les parties pourront encore présenter leurs observations, et où le ministère public sera entendu de nouveau.

L'accusé acquitté pourra aussi obtenir des dommages-intérêts contre ses dénonciateurs, pour fait de calomnie; sans néanmoins que les membres des autorités constituées puissent être ainsi poursuivis à raison des avis qu'ils sont tenus de donner, concernant les délits dont ils ont cru acquérir la connaissance dans l'exercice de leurs fonctions, et sauf contre eux la demande en prise à partie, s'il y a lieu.

Le procureur général sera tenu, sur la réquisition de l'accusé, de lui faire connaître ses dénonciateurs.

359. Les demandes en dommages-intérêts, formées soit par l'accusé contre ses dénonciateurs ou la partie civile, soit par la partie civile contre l'accusé ou le condamné, seront portées à la cour d'assises.

La partie civile est tenue de former sa demande en dommages-intérêts avant le jugement; plus tard, elle sera non recevable.

Il en est de même de l'accusé, s'il a connu son dénonciateur.

Dans le cas où l'accusé n'aurait connu son dénonciateur que depuis le jugement, mais avant la fin de la session, il sera tenu, sous peine de déchéance, de porter sa demande à la cour d'assises : s'il ne l'a connu qu'après la clôture de la session, sa demande sera portée au tribunal civil.

A l'égard des tiers qui n'auraient pas été partie au procès, ils s'adresseront au tribunal civil.

360. Toute personne acquittée légalement ne pourra plus être reprise ni accusée à raison du même fait.

361. Lorsque, dans le cours des débats, l'accusé aura été inculpé sur un autre fait, soit par des pièces, soit par les dépositions des témoins, le président, après avoir prononcé qu'il est acquitté de l'accusation, ordonnera qu'il soit poursuivi à raison du nouveau fait : en conséquence, il le renverra en état de mandat de comparution ou d'amener, suivant les distinctions établies par l'article 91, et même en état de mandat d'arrêt, s'il y échet, devant le juge d'instruction de l'arrondissement où siége la cour, pour être procédé à une nouvelle instruction.

Cette disposition ne sera toutefois exécutée que dans le cas où, avant la clôture des débats, le ministère public aura fait des réserves à fin de poursuite.

362. Lorsque l'accusé aura été déclaré coupable, le procureur général fera sa réquisition à la cour pour l'application de la loi.

La partie civile fera la sienne pour restitution et dommages-intérêts.

363. Le président demandera à l'accusé s'il n'a rien à dire pour sa défense.

L'accusé ni son conseil ne pourront plus plaider que le fait est faux, mais seulement qu'il n'est pas défendu ou qualifié délit par la loi, ou qu'il ne mérite pas la peine dont le procureur général a requis l'application, ou qu'il n'emporte pas de dommages-intérêts au profit de la partie civile, ou enfin que celle-ci élève trop haut les dommages-intérêts qui lui sont dus.

364. La cour prononcera l'absolution de l'accusé, si le fait dont il est déclaré coupable n'est pas défendu par une loi pénale.

365. Si ce fait est défendu, la cour prononcera la peine établie par la loi, même dans le cas où, d'après les débats, il se trouverait n'être plus de la compétence de la cour d'assises.

En cas de conviction de plusieurs crimes ou délits, la peine la plus forte sera seule prononcée.

366. Dans le cas d'absolution comme dans celui d'acquittement ou de condamnation, la cour statuera sur les dommages-intérêts prétendus par la partie civile ou par l'accusé; elle les liquidera par le même arrêt, ou commettra l'un des juges pour entendre les parties, prendre connaissance des pièces, et faire du tout son rapport, ainsi qu'il est dit art. 358.

La cour ordonnera aussi que les effets pris seront restitués au propriétaire.

Néanmoins, s'il y a eu condamnation, cette restitution ne sera faite qu'en justifiant par le propriétaire, que le condamné a laissé passer les délais sans se pourvoir en cassation, ou, s'il s'est pourvu, que l'affaire est définitivement terminée.

367. Lorsque l'accusé aura été déclaré excusable, la cour prononcera conformément au Code pénal.

368. L'accusé, ou la partie civile, qui succombera, sera condamné aux frais envers l'État et envers l'autre partie.

369. Les juges délibéreront et opineront à voix basse; ils pourront, pour cet effet, se retirer dans la chambre du conseil : mais l'arrêt sera prononcé à haute voix par le président, en présence du public et de l'accusé.

Avant de le prononcer, le président est tenu de lire le texte de la loi sur laquelle il est fondé.

Le greffier écrira l'arrêt; il y insérera le texte de la loi appliquée, sous peine de cent francs d'amende.

370. La minute de l'arrêt sera signée par les juges qui l'auront rendu, à peine de cent francs d'amende contre le greffier, et, s'il y a lieu, de prise à partie tant contre le greffier que contre les juges.

Elle sera signée dans les vingt-quatre heures de la prononciation de l'arrêt.

371. Après avoir prononcé l'arrêt, le président pourra, selon les circonstances, exhorter l'accusé à la fermeté, à la résignation, ou à réformer sa conduite.

Il l'avertira de la faculté qui lui est accordée de se pourvoir en cassation, et du terme dans lequel l'exercice de cette faculté est circonscrit.

372. Le greffier dressera un procès-verbal de la séance, à l'effet de constater que les formalités prescrites ont été observées.

Il ne sera fait mention au procès-verbal, ni des réponses des accusés, ni du contenu aux dépositions; sans préjudice toutefois de l'exécution de l'article 318, concernant les changemens, variations et contradictions dans les déclarations des témoins.

Le procès-verbal sera signé par le président et par le greffier.

Le défaut de procès-verbal sera puni de cinq cents francs d'amende contre le greffier.

373. Le condamné aura trois jours francs après celui où son arrêt lui aura été prononcé, pour déclarer au greffe qu'il se pourvoit en cassation.

Le procureur général pourra, dans le même délai, déclarer au greffe qu'il demande la cassation de l'arrêt.

La partie civile aura aussi le même délai; mais elle ne pourra se pourvoir que quant aux dispositions relatives à ses intérêts civils.

Pendant ces trois jours, et s'il y a eu recours en cassation, jusqu'à la réception de l'arrêt de la cour de cassation, il sera sursis à l'exécution de l'arrêt de la cour.

374.   Dans les cas prévus par les articles 409 et 412 du présent Code, le procureur général ou la partie civile n'auront que vingt-quatre heures pour se pourvoir.

375.   La condamnation sera exécutée, dans les vingt-quatre heures qui suivront les délais mentionnés en l'article 373, s'il n'y a point de recours en cassation; ou en cas de recours, dans les vingt-quatre heures de la réception de l'arrêt de la cour de cassation qui aura rejeté la demande.

376.   La condamnation sera exécutée par les ordres du procureur général; il aura le droit de requérir directement, pour cet effet, l'assistance de la force publique.

377.   Si le condamné veut faire une déclaration, elle sera reçue par un des juges du lieu de l'exécution, assisté du greffier.

378.   Le procès-verbal d'exécution sera, sous peine de cent francs d'amende, dressé par le greffier, et transcrit par lui, dans les vingt-quatre heures, au pied de la minute de l'arrêt. La transcription sera signée par lui; et il fera mention du tout, sous la même peine, en marge du procès-verbal. Cette mention sera également signée; et la transcription fera preuve comme le procès-verbal même.

379.   Lorsque, pendant les débats qui auront précédé l'arrêt de condamnation, l'accusé aura été inculpé, soit par des pièces, soit par des dépositions de témoins, sur d'autres crimes que ceux dont il était accusé; si ces crimes nouvellement manifestés méritent une peine plus grave que les premiers, ou si l'accusé a des complices en état d'arrestation, la cour ordonnera qu'il soit poursuivi, à raison de ces nouveaux faits, suivant les formes prescrites par le présent Code.

Dans ces deux cas, le procureur général surseoira à l'exécution de l'arrêt qui a prononcé la première condamnation, jusqu'à ce qu'il ait été statué sur le second procès.

380. Toutes les minutes des arrêts rendus aux assises seront réunies et déposées au greffe du tribunal de première instance du chef-lieu du département.

Sont exceptées les minutes des arrêts rendus par la cour d'assises du département où siége la cour impériale, lesquelles resteront déposées au greffe de ladite cour.

CHAPITRE V.
Du Jury, et de la Manière de le former.

SECTION I.re
Du Jury.

381. Nul ne peut remplir les fonctions de juré, s'il n'a trente ans accomplis et s'il ne jouit des droits politiques et civils, à peine de nullité.

382. Les jurés seront pris,

1.º Parmi les membres des colléges électoraux ;

2.º Parmi les trois cents plus imposés domiciliés dans le département ;

3.º Parmi les fonctionnaires de l'ordre administratif à la nomination de l'Empereur ;

4.º Parmi les docteurs et licenciés de l'une ou de plusieurs des quatre facultés de droit, médecine, sciences et belles-lettres, les membres et correspondans de l'Institut et des autres sociétés savantes reconnues par le Gouvernement ;

5.º Parmi les notaires ;

6.º Parmi les banquiers, agens de change, négocians et marchands payant patente de l'une des deux premières classes ;

7.º Parmi les employés des administrations jouissant d'un traitement de quatre mille francs au moins.

Aucun juré ne pourra être pris que parmi les citoyens susdésignés, sauf toutefois ce qui est dit art. 386.

383. Nul ne peut être juré dans la même affaire où il aura été officier de police judiciaire, témoin, interprète, expert ou partie, à peine de nullité.

384. Les fonctions de juré sont incompatibles avec celles de ministre, de préfet, de sous-préfet, de juge, de procureur général et impérial près les cours et tribunaux, et de leurs substituts.

Elles sont également incompatibles avec celles de ministre d'un culte quelconque.

385. Les conseillers d'état chargés d'une partie d'administration, les commissaires impériaux près les administrations ou régies, les septuagénaires, seront dispensés, s'ils le requièrent.

386. Quiconque, ne se trouvant dans aucune des classes désignées en l'article 382, desirerait être admis à l'honneur de remplir les fonctions de juré, pourra être compris dans la liste, s'il le demande au préfet, et si, après que le préfet aura obtenu des renseignemens avantageux sur le compte du réquerant et les aura transmis au ministre de l'intérieur, le ministre accorde une autorisation à cet égard.

Le préfet pourra également faire d'office la proposition au ministre.

387. Les préfets formeront, sous leur responsabilité, une liste de jurés, toutes les fois qu'ils en seront requis par les présidens des cours d'assises. Cette réquisition sera faite quinze jours au moins avant l'ouverture de la session.

Si la cour est divisée en une ou plusieurs sections, chaque président pourra, dans le cas où le nombre des affaires l'exigerait, requérir une liste de jurés pour la section qu'il préside.

Dans tous les cas, la liste sera composée de soixante citoyens ; elle sera adressée de suite au président de la cour d'assises ou de section, qui sera tenu de la réduire à trente-six dans les vingt-quatre heures à compter du jour de sa réception, et de la renvoyer, dans le même délai, au préfet, qui la fera parvenir, ainsi qu'il sera dit ci-après, à tous ceux qui doivent la recevoir.

388. Chaque préfet enverra la liste ainsi réduite au grand-juge ministre de la justice, au premier président de la cour impériale, au procureur général près de la même cour, au président de la cour d'assises ou de section, et de plus au procureur impérial criminel, s'il y en a un dans le département pour lequel la liste est destinée.

389. La liste entière ne sera point envoyée aux citoyens qui la composent ; mais le préfet notifiera à chacun d'eux l'extrait de la liste qui constate que son nom y est porté. Cette notification leur sera faite huit jours au moins avant celui où la liste doit servir.

Ce jour sera mentionné dans la notification, laquelle contiendra aussi une sommation de se trouver au jour indiqué, sous les peines portées par le présent Code.

A défaut de notification à la personne, elle sera faite à son domicile, ainsi qu'à celui du maire ou de l'adjoint du lieu : celui-ci est tenu de lui en donner connaissance.

390. La liste des jurés sera comme non avenue après le service pour lequel elle aura été formée.

391. Le juré qui aura été porté sur une liste, et aura satisfait aux réquisitions à lui faites, ne pourra être compris sur les listes des quatre sessions suivantes, à moins toutefois qu'il n'y consente.

En adressant les nouvelles listes de jurés au grand-juge ministre de la justice, les préfets y joindront la note de ceux qui, portés sur la liste précédente, n'auraient pas satisfait aux réquisitions. Le grand-juge fera, tous

les ans, un rapport sur la manière dont les citoyens inscrits sur les listes auront rempli leurs fonctions.

Si quelque fonctionnaire appelé comme juré n'a point
répondu à l'appel, le rapport l'indiquera particulière-
ment.

Sa Majesté impériale se réserve de donner aux jurés
qui auront montré un zèle louable, des témoignages ho-
norables de sa satisfaction.

392. Nul citoyen âgé de plus de trente ans ne pourra être admis aux places administratives et judiciaires,
s'il ne prouve, par un certificat de l'officier du ministère
public près la cour d'assises dans le ressort de laquelle il
a résidé, qu'il a satisfait aux réquisitions qui lui ont été
faites toutes les fois qu'il a été inscrit sur une liste de
jurés, ou que les excuses par lui proposées ont été
jugées valables, ou qu'il ne lui a encore été fait aucune
réquisition.

Nulle pétition ne sera admise, si elle n'est accompagnée de ce certificat.

SECTION II.

De la manière de former et de convoquer le Jury.

393. Le nombre de douze jurés est nécessaire pour
former un jury.

394. La liste des jurés sera notifiée à chaque accusé
la veille du jour déterminé pour la formation du tableau:
cette notification sera nulle, ainsi que tout ce qui aura
suivi, si elle est faite plutôt ou plus tard.

395. Dans tous les cas, s'il y a, au jour indiqué,
moins de trente jurés présens non excusés ou non dispensés, le nombre de trente jurés sera complété par le président de la cour d'assises: ils seront pris, publiquement
et par la voie du sort, entre les citoyens des classes désignées en l'article 382, et résidant dans la commune; à
l'effet de quoi, le préfet adressera tous les ans, à la
cour, un tableau desdites personnes.

396. Tout juré qui ne se sera pas rendu à son poste sur la citation qui lui aura été notifiée, sera condamné par la cour d'assises à une amende, laquelle sera,

Pour la première fois, de cinq cents francs ;

Pour la seconde , de mille francs ;

et pour la troisième, de quinze cents francs.

Cette dernière fois, il sera de plus déclaré incapable d'exercer à l'avenir les fonctions de juré. L'arrêt sera imprimé et affiché à ses frais.

Dans tous les cas, le nom du juré condamné sera envoyé au préfet, pour être compris dans la note prescrite par l'article 391.

397. Seront exceptés ceux qui justifieront qu'ils étaient dans l'impossibilité de se rendre au jour indiqué.

La cour prononcera sur la validité de l'excuse.

398. Les peines portées en l'article 396. sont applicables à tout juré qui, même s'étant rendu à son poste, se retirerait avant l'expiration de ses fonctions, sans une excuse valable, qui sera également jugée par la cour.

399. Au jour indiqué, et pour chaque affaire, l'appel des jurés non excusés et non dispensés sera fait avant l'ouverture de l'audience, en leur présence, en présence de l'accusé et du procureur général.

Le nom de chaque juré répondant à l'appel sera déposé dans une urne.

L'accusé premièrement et le procureur général récuseront tels jurés qu'ils jugeront à propos, à mesure que leurs noms sortiront de l'urne, sauf la limitation exprimée ci-après.

L'accusé ni le procureur général ne pourront exposer leurs motifs de récusation.

Le jury de jugement sera formé à l'instant où il sera sorti de l'urne douze noms de jurés non récusés.

400. Les récusations que pourront faire l'accusé et le procureur-général, s'arrêteront, lorsqu'il ne restera que douze jurés.

401. L'accusé et le procureur général pourront exercer un égal nombre de récusations; et cependant, si les jurés sont en nombre impair, les accusés pourront exercer une récusation de plus que le procureur général.

402. S'il y a plusieurs accusés, ils pourront se concerter pour exercer leurs récusations; ils pourront les exercer séparément.

Dans l'un et l'autre cas, ils ne pourront excéder le nombre des récusations déterminées pour un seul accusé par les articles précédens.

403. Si les accusés ne se concertent pas pour récuser, le sort réglera entre eux le rang dans lequel ils feront les récusations. Dans ce cas, les jurés récusés par un seul, et dans cet ordre, le seront pour tous jusqu'à ce que le nombre des récusations soit épuisé.

404. Les accusés pourront se concerter pour exercer une partie des récusations, sauf à exercer le surplus suivant le rang fixé par le sort.

405. L'examen de l'accusé commencera immédiatement après la formation du tableau.

406. Si, par quelque événement, l'examen des accusés sur les délits ou sur quelques-uns des délits compris dans l'acte ou dans les actes d'accusation, est renvoyé à la session suivante, il sera fait une autre liste; il sera procédé à de nouvelles récusations, et à la formation d'un nouveau tableau de douze jurés, d'après les règles prescrites ci-dessus, à peine de nullité.

TITRE III.

DES MANIÈRES DE SE POURVOIR CONTRE LES ARRÊTS OU JUGEMENS.

(Loi décrétée le 10 Déc. 1808 promulguée le 20. du même mois.)

CHAPITRE I.er

Des nullités de l'instruction et du jugement.

407. Les arrêts et jugemens rendus en dernier ressort, en matière criminelle, correctionnelle ou de police, ainsi que l'instruction et les poursuites qui les auront précédés, pourront être annullés dans les cas suivans, et sur des recours dirigés d'après les distinctions qui vont être établies.

§. I.er

Matières criminelles.

408. Lorsque l'accusé aura subi une condamnation, et que, soit dans l'arrêt de la cour impériale qui aura ordonné son renvoi devant une cour d'assises, soit dans l'instruction et la procédure qui auront été faites devant cette dernière cour, soit dans l'arrêt même de condamnation, il y aura eu violation ou omission de quelques-unes des formalités que le présent Code prescrit sous peine de nullité, cette omission ou violation donnera lieu, sur la poursuite de la partie condamnée ou du ministère public, à l'annullation de l'arrêt de condamnation et de ce qui l'a précédé, à partir du plus ancien acte nul.

Il en sera de même, tant dans les cas d'incompétence que lorsqu'il aura été omis ou refusé de prononcer soit sur une ou plusieurs demandes de l'accusé, soit sur une ou plusieurs réquisitions du ministère public, tendant à user d'une faculté ou d'un droit accordé par la loi, bien que la peine de nullité ne fût pas textuellement attachée à l'absence de la formalité dont l'exécution aura été demandée ou requise.

I. C.   6

409. Dans le cas d'acquittement de l'accusé, l'annullation de l'ordonnance qui l'aura prononcé, et de ce qui l'aura précédée, ne pourra être poursuivie par le ministère public que dans l'interêt de la loi et sans préjudicier à la partie acquittée.

410. Lorsque la nullité procédera de ce que l'arrêt aura prononcé une peine autre que celle appliquée par la loi à la nature du crime, l'annullation de l'arrêt pourra être poursuivie tant par le ministère public que par la partie condamnée.

La même action appartiendra au ministère public contre les arrêts d'absolution mentionnés en l'article 364, si l'absolution a été prononcée sur le fondement de la non-existence d'une loi pénale qui pourtant aurait existé.

411. Lorsque la peine prononcée sera la même que celle portée par la loi qui s'applique au crime, nul ne pourra demander l'annullation de l'arrêt, sous le prétexte qu'il y aurait erreur dans la citation du texte de la loi.

412. Dans aucun cas, la partie civile ne pourra poursuivre l'annullation d'une ordonnance d'acquittement ou d'un arrêt d'absolution: mais si l'arrêt a prononcé contre elle des condamnations civiles, supérieures aux demandes de la partie acquittée ou absoute, cette disposition de l'arrêt pourra être annullée sur la demande de la partie civile.

§. II.

Matières correctionnelles et de Police.

413. Les voies d'annullation exprimées en l'article 408, sont, en matière correctionnelle et de police, respectivement ouvertes à la partie poursuivie pour un délit ou une contravention, au ministère public, et à la partie civile, s'il y en a une, contre tous arrêts ou jugemens en dernier ressort, sans distinction de ceux qui ont prononcé le renvoi de la partie ou sa condamnation,

Néanmoins, lorsque le renvoi de cette partie aura été prononcé, nul ne pourra se prévaloir contre elle de la violation ou omission des formes prescrites pour assurer sa défense.

414. La disposition de l'article 411 est applicable aux arrêts et jugemens en dernier ressort rendus en matière correctionnelle et de police.

§. III.

Disposition commune aux deux paragraphes précédens.

415. Dans le cas où, soit la cour de cassation, soit une cour impériale, annullera une instruction, elle pourra ordonner que les frais de la procédure à recommencer seront à la charge de l'officier ou juge-instructeur qui aura commis la nullité.

Néanmoins la présente disposition n'aura lieu que pour des fautes très-graves, et à l'égard seulement des nullités qui seront commises deux ans après la mise en activité du présent Code.

CHAPITRE II.
Des demandes en cassation.

416. Le recours en cassation contre les arrêts préparatoires et d'instruction ou les jugemens en dernier ressort de cette qualité, ne sera ouvert qu'après l'arrêt ou jugement définitif: l'exécution volontaire de tels arrêts ou jugemens préparatoires ne pourra, en aucun cas, être opposée comme fin de non-recevoir.

La présente disposition ne s'applique point aux arrêts ou jugemens rendus sur la compétence.

417. La déclaration de recours sera faite au greffier par la partie condamnée, et signée d'elle et du greffier; et si le déclarant ne peut ou ne veut signer, le greffier en fera mention.

Cette déclaration pourra être faite, dans la même forme, par l'avoué de la partie condamnée ou par un fondé de pouvoir spécial; dans ce dernier cas, le pouvoir demeurera annexé à la déclaration.

Elle sera inscrite sur un registre à ce destiné; ce régistre sera public, et toute personne aura le droit de s'en faire délivrer des extraits.

418. Lorsque le recours en cassation contre un arrêt ou jugement en dernier ressort, rendu en matière criminelle, correctionnelle ou de police, sera exercé soit par la partie civile, s'il y en a une, soit par le ministère public, ce recours, outre l'inscription énoncée dans l'article précédent, sera notifié à la partie contre laquelle il sera dirigé, dans le délai de trois jours.

Lorsque cette partie sera actuellement détenue, l'acte contenant la déclaration de recours lui sera lu par le greffier: elle le signera, et si elle ne le peut ou ne le veut, le greffier en fera mention.

Lorsqu'elle sera en liberté, le demandeur en cassation lui notifiera son recours, par le ministère d'un huissier, soit à sa personne, soit au domicile par elle élu : le délai sera, en ce cas, augmenté d'un jour par chaque distance de trois myriamètres.

419. La partie civile qui se sera pourvue en cassation, est tenue de joindre aux pièces une expédition authentique de l'arrêt.

Elle est tenue, à peine de déchéance, de consigner une amende de cent cinquante francs, ou de la moitié de cette somme si l'arrêt est rendu par contumace ou par défaut.

420. Sont dispensés de l'amende, 1.º les condamnés en matière criminelle, 2.º les agens publics pour affaires qui concernent directement l'administration et les domaines ou revenus de l'État.

A l'égard de toutes autres personnes, l'amende sera encourue par celles qui succomberont dans leur recours; seront néanmoins dispensées de la consigner celles qui joindront à leur demande en cassation, 1°. un extrait du rôle des contributions, constatant qu'elles payent moins de six francs, ou un certificat du percepteur de leur commune, portant qu'elles ne sont point imposées; 2.° un certificat d'indigence à elles délivré par le maire de la commune de leur domicile ou par son adjoint, visé par le sous-préfet et approuvé par le préfet de leur département.

421. Les condamnés, même en matière correctionnelle ou de police, à une peine emportant privation de la liberté, ne seront pas admis à se pourvoir en cassation, lorsqu'ils ne seront pas actuellement en état, où lorsqu'ils n'auront pas été mis en liberté sous caution.

L'acte de leur écrou, ou de leur mise en liberté sous caution, sera annexé à l'acte de recours en cassation.

Néanmoins, lorsque le recours en cassation sera motivé sur l'incompétence, il suffira au demandeur, pour que son recours soit reçu, de justifier qu'il s'est actuellement constitué dans la maison de justice du lieu où siège la cour de cassation : le gardien de cette maison pourra l'y recevoir, sur la représentation de sa demande adressée au procureur général près cette cour, et visée par ce magistrat.

422. Le condamné ou la partie civile, soit en faisant sa déclaration, soit dans les dix jours suivans, pourra déposer au greffe de la cour ou du tribunal qui aura rendu l'arrêt ou le jugement attaqué, une requête contenant ses moyens de cassation. Le greffier lui en donnera reconnaissance, et remettra sur-le-champ cette requête au magistrat chargé du ministère public.

423. Après les dix jours qui suivront la déclaration, ce magistrat fera passer au grand juge ministre de la justice les pièces du procès, et les requêtes des parties, si elles en ont déposé.

Le greffier de la cour ou du tribunal qui aura rendu l'arrêt ou le jugement attaqué, rédigera sans frais et joindra

un inventaire des pièces, sous peine de cent francs d'a-
mende, laquelle sera prononcée par la cour de cassation.

424. Dans les vingt-quatre heures de la réception de
ces pièces, le grand-juge ministre de la justice les adressera à la cour de cassation, et il en donnera avis au magistrat qui les lui aura transmises.

Les condamnés pourront aussi transmettre directement
au greffe de la cour de cassation, soit leur requête, soit
les expéditions ou copies signifiées tant de l'arrêt ou jugement que de leurs demandes en cassation. Néanmoins
la partie civile ne pourra user du bénéfice de la présente
disposition sans le ministère d'un avocat à la cour de cassation.

425. La cour de cassation, en toute affaire criminelle,
correctionnelle ou de police, pourra statuer sur le recours
en cassation, aussitôt après l'expiration des délais portés
au présent chapitre, et devra y statuer, dans le mois au
plus tard, à compter du jour où ces délais seront expirés.

426. La cour de cassation rejettera la demande ou
annullera l'arrêt ou le jugement, sans qu'il soit besoin
d'un arrêt préalable d'admission.

427. Lorsque la cour de cassation annullera un arrêt
ou un jugement rendu, soit en matière correctionnelle, soit
en matière de police, elle renverra le procès et les parties
devant une cour ou un tribunal de même qualité que celui
qui aura rendu l'arrêt ou le jugement annullé.

428. Lorsque la cour de cassation annullera un arrêt
rendu en matière criminelle, il sera procédé comme il est
dit aux sept articles suivans.

429. La cour de cassation prononcera le renvoi du
procès; savoir,

Devant une cour impériale autre que celle qui aura
réglé la compétence et prononcé la mise en accusation, si
l'arrêt est annullé pour l'une des causes exprimées en l'art.
299;

Devant une cour d'assises autre que celle qui aura rendu l'arrêt, si l'arrêt et l'instruction sont annullés pour cause de nullités commises à la cour d'assises;

Devant un tribunal de première instance autre que celui auquel aura appartenu le juge d'instruction, si l'arrêt et l'instruction sont annullés aux chefs seulement qui concernent les intérêts civils: dans ce cas, le tribunal sera saisi sans citation préalable en conciliation.

Si l'arrêt et la procédure sont annullés pour cause d'incompétence, la cour de cassation renverra le procès devant les juges qui en doivent connaître, et les désignera: toutefois, si la compétence se trouvait appartenir au tribunal de première instance où siège le juge qui aurait fait la première instruction, le renvoi sera fait à un autre tribunal de première instance.

Lorsque l'arrêt sera annullé parce que le fait qui aura donné lieu à une condamnation se trouvera n'être pas un délit qualifié par la loi, le renvoi, s'il y a une partie civile, sera fait devant un tribunal de première instance autre que celui auquel aura appartenu le juge d'instruction; et, s'il n'y a pas de partie civile, aucun renvoi ne sera prononcé.

450. Dans tous les cas où la cour de cassation est autorisée à choisir une cour ou un tribunal pour le jugement d'une affaire renvoyée, ce choix ne pourra résulter que d'une délibération spéciale, prise en la chambre du conseil immédiatement après la prononciation de l'arrêt de cassation, et dont il sera fait mention expresse dans cet arrêt.

431. Les nouveaux juges d'instruction auxquels il pourrait être fait des délégations pour compléter l'instruction des affaires renvoyées, ne pourront être pris parmi les juges d'instruction établis dans le ressort de la cour dont l'arrêt aura été annullé.

432. Lorsque le renvoi sera fait à une cour impériale, celle-ci, après avoir réparé l'instruction en ce qui la con-

cerne, désignera, dans son ressort, la cour d'assises par laquelle le procès devra être jugé.

433. Lorsque le procès aura été renvoyé devant une cour d'assises, et qu'il y aura des complices qui ne seront pas en état d'accusation, cette cour commettra un juge d'instruction, et le procureur général, l'un de ses substituts, pour faire, chacun en ce qui le concerne, l'instruction, dont les pièces seront ensuite adressées à la cour impériale, qui prononcera s'il y a lieu ou non à la mise en accusation.

434. Si l'arrêt a été annullé pour avoir prononcé une peine autre que celle que la loi applique à la nature du crime, la cour d'assises à qui le procès sera renvoyé, rendra son arrêt sur la déclaration déjà faite par le jury.

Si l'arrêt a été annullé pour autre cause, il sera procédé à de nouveaux débats devant la cour d'assises à laquelle le procès sera renvoyé.

La cour de cassation n'annullera qu'une partie de l'arrêt, lorsque la nullité ne viciera qu'une ou quelques-unes de ses dispositions.

435. L'accusé dont la condamnation aura été annullée, et qui devra subir un nouveau jugement au criminel, sera traduit, soit en état d'arrestation, soit er exécution de l'ordonnance de prise de corps, devant la cour impériale ou d'assises à qui son procès sera renvoyé.

436. La partie civile qui succombera dans son recours, soit en matière criminelle, soit en matière correctionnelle ou de police, sera condamnée à une indemnité de cent cinquante francs, et aux frais envers la partie acquittée, absoute ou renvoyée: la partie civile sera de plus condamnée, envers l'État, à une amende de cent cinquante francs, ou de soixante-quinze francs seulement si l'arrêt ou le jugement a été rendu par contumace ou par défaut.

Les administrations ou régies de l'État et les agens publics qui succomberont, ne seront condamnés qu'aux frais et à l'indemnité.

437. Lorsque l'arrêt ou le jugement aura été annullé, l'amende consignée sera rendue sans aucun délai, en quelques termes que soit conçu l'arrêt qui aura statué sur le recours, et quand même il aurait omis d'en ordonner la restitution.

438. Lorsqu'une demande en cassation aura été rejetée, la partie qui l'avait formée ne pourra plus se pourvoir en cassation contre le même arrêt ou le jugement, sous quelque prétexte et par quelque moyen que ce soit.

439 L'arrêt qui aura rejeté la demande en cassation sera délivré dans les trois jours au procureur général près la cour de cassation, par simple extrait signé du greffier, lequel sera adressé au grand-juge ministre de la justice, et envoyé par celui-ci au magistrat chargé du ministère public près la cour ou le tribunal qui aura rendu l'arrêt ou le jugement attaqué.

440. Lorsqu'après une première cassation le second arrêt ou jugement sur le fond sera attaqué par les mêmes moyens, il sera procédé selon les formes prescrites par la loi du 16 septembre 1807. *)

---

*) Art. 1.er « Il y a lieu à interprétation de la loi, si la cour
» de cassation annulle deux arrêts ou jugemens en dernier ressort,
» rendus dans la même affaire entre les mêmes parties, et qui ont
» été attaqués par les mêmes moyens,

2. « Cette interprétation est donnée dans la forme des régle-
» mens d'administration publique.

3. « Elle peut être demandée par la cour de cassation avant
» de prononcer le second arrêt.

4. « Si elle n'est pas demandée, la cour de cassation ne peut
» rendre le second arrêt que les sections réunies et sous la présidence
» du grand-juge.

5. « Dans le cas déterminé en l'article précédent, si le troi-
» sième arrêt est attaqué, l'interprétation est de droit, et il sera
» procédé comme il est dit à l'article 2. «

441. Lorsque, sur l'exhibition d'un ordre formel à lui donné par le grand-juge ministre de la justice, le procureur général près la cour de cassation dénoncera à la section criminelle, des actes judiciaires, arrêts ou jugemens contraires à la loi, ces actes, arrêts ou jugemens pourront être annullés, et les officiers de police ou les juges poursuivis, s'il y a lieu, de la manière exprimée au chapitre III du titre IV du présent livre.

442. Lorsqu'il aura été rendu par une cour impériale ou d'assises, ou par un tribunal correctionnel ou de police, un arrêt ou jugement en dernier ressort, sujet à cassation, et contre lequel néanmoins aucune des parties n'aurait réclamé dans le délai déterminé, le procureur général près la cour de cassation pourra aussi d'office, et nonobstant l'expiration du délai, en donner connaissance à la cour de cassation: l'arrêt ou le jugement sera cassé, sans que les parties puissent s'en prévaloir pour s'opposer à son exécution.

CHAPITRE III.
Des demandes en Révision.

443. Lorsqu'un accusé aura été condamné pour un crime, et qu'un autre accusé aura aussi été condamné par un autre arrêt comme auteur du même crime; si les deux arrêts ne peuvent se concilier, et sont la preuve de l'innocence de l'un ou de l'autre condamné, l'exécution des deux arrêts sera suspendue, quand même la demande en cassation de l'un ou de l'autre arrêt aurait été rejetée.

Le grand-juge ministre de la justice, soit d'office, soit sur la réclamation des condamnés ou de l'un d'eux, ou du procureur général, chargera le procureur général près la cour de cassation, de dénoncer les deux arrêts à cette cour.

Ladite cour, section criminelle, après avoir vérifié que les deux condamnations ne peuvent se concilier, cassera les deux arrêts, et renverra les accusés, pour être procédé sur les actes d'accusation subsistans, devant une cour autre que celles qui auront rendu les deux arrêts.

444. Lorsqu'après une condamnation pour homicide, il sera, de l'ordre exprès du grand-juge ministre de la justice, adressé à la cour de cassation, section criminelle, des pièces représentées postérieurement à la condamnation, et propres à faire naître de suffisans indices sur l'existence de la personne dont la mort supposée aurait donné lieu à la condamnation, cette cour pourra préparatoirement désigner une cour impériale, pour reconnaître l'existence et l'identité de la personne prétendue homicidée, et les constater par l'interrogatoire de cette personne, par audition de témoins et par tous les moyens propres à mettre en évidence le fait destructif de la condamnation.

L'exécution de la condamnation sera de plein droit suspendue par l'ordre du grand-juge, jusqu'à ce que la cour de cassation ait prononcé, et, s'il y a lieu ensuite, par l'arrêt préparatoire de cette cour.

La cour désignée par celle de cassation prononcera simplement sur l'identité ou non-identité de la personne ; et après que son arrêt aura été, avec la procédure, transmis à la cour de cassation, celle-ci pourra casser l'arrêt de condamnation, et même renvoyer, s'il y a lieu, l'affaire à une cour d'assises autre que celles qui en auraient primitivement connu.

445. Lorsqu'après une condamnation contre un accusé, l'un ou plusieurs des témoins qui avaient déposé à charge contre lui, seront poursuivis pour avoir porté un faux témoignage dans le procès, et si l'accusation en faux-témoignage est admise contre eux, ou même s'il est décerné contre eux des mandats d'arrêt, il sera sursis à l'exécution de l'arrêt de condamnation, quand même la cour de cassation aurait rejeté la requête du condamné.

Si les témoins sont ensuite condamnés pour faux témoignage à charge, le grand-juge ministre de la justice,

soit d'office, soit sur la réclamation de l'individu condamné par le premier arrêt, ou du procureur général,
chargera le procureur général près la cour de cassation,
de dénoncer le fait à cette cour.

Ladite cour, après avoir vérifié la déclaration du jury,
sur laquelle le second arrêt aura été rendu, annullera le
premier arrêt, si par cette déclaration les témoins sont
convaincus de faux témoignage à charge contre le premier
condamné; et, pour être procédé contre l'accusé sur l'acte
d'accusation subsistant, elle le renverra devant une cour
d'assises autre que celles qui auront rendu soit le premier,
soit le second arrêt.

Si les accusés de faux témoignage sont acquittés, le
sursis sera levé de droit, et l'arrêt de condamnation sera
exécuté.

446. Les témoins condamnés pour faux témoignage
ne pourront pas être entendus dans les nouveaux débats.

447. Lorsqu'il y aura lieu de réviser une condamnation pour la cause exprimée en l'article 444, et que cette
condamnation aura été portée contre un individu mort
depuis, la cour de cassation créera un curateur à sa mémoire, avec lequel se fera l'instruction, et qui exercera
tous les droits du condamné.

Si, par le résultat de la nouvelle procédure, la première condamnation se trouve avoir été portée injustement, le nouvel arrêt déchargera la mémoire du condamné de l'accusation qui avait été portée contre lui.

TITRE IV.

DE QUELQUES PROCÉDURES PARTICULIÈRES.

(Loi décrétée le 12 Décembre 1808, promulguée le 22 du même mois.)

CHAPITRE I.er

Du Faux.

448. Dans tous les procès pour faux en écriture, la
pièce arguée de faux, aussitôt qu'elle aura été produite,

sera déposée au greffe, signée et paraphée à toutes les pages par le greffier, qui dressera un procès-verbal détaillé de l'état matériel de la pièce, et par la personne qui l'aura déposée, si elle sait signer, ce dont il sera fait mention; le tout à peine de cinquante francs d'amende contre le greffier qui l'aura reçue sans que cette formalité ait été remplie.

449. Si la pièce arguée de faux est tirée d'un dépôt public, le fonctionnaire qui s'en dessaisira, la signera aussi et la paraphera comme il vient d'être dit, sous peine d'une pareille amende.

450. La pièce arguée de faux sera de plus signée par l'officier de police judiciaire, et par la partie civile ou son avoué, si ceux-ci se présentent.

Elle le sera également par le prévenu, au moment de sa comparution.

Si les comparans, ou quelques-uns d'entre eux, ne peuvent pas ou ne veulent pas signer, le procès-verbal en fera mention.

En cas de négligence ou d'omission, le greffier sera puni de cinquante francs d'amende.

451. Les plaintes et dénonciations en faux pourront toujours être suivies, lors même que les pièces qui en sont l'objet auraient servi de fondement à des actes judiciaires ou civils.

452. Tout dépositaire public ou particulier de pièces arguées de faux est tenu, sous peine d'y être contraint par corps, de les remettre, sur l'ordonnance donnée par l'officier du ministère public ou par le juge d'instruction.

Cette ordonnance et l'acte de dépôt lui serviront de décharge envers tous ceux qui auront intérêt à la pièce.

453. Les pièces qui seront fournies pour servir de comparaison, seront signées et paraphées, comme il est dit aux trois premiers articles du présent chapitre pour la pièce arguée de faux, et sous les mêmes peines.

454. Tous dépositaires publics pourront être contraints, même par corps, à fournir les pièces de comparaison qui seront en leur possession : l'ordonnance par
écrit et l'acte de dépôt leur serviront de décharge envers
ceux qui pourraient avoir intérêt à ces pièces.

455. S'il est nécessaire de déplacer une pièce authentique, il en sera laissé au dépositaire une copie collationnée, laquelle sera vérifiée sur la minute ou l'original par
le président du tribunal de son arrondissement, qui en
dressera procès-verbal ; et si le dépositaire est une personne publique, cette copie sera par lui mise au rang de
ses minutes, pour en tenir lieu jusqu'au renvoi de la
pièce, et il pourra en délivrer des grosses ou expéditions,
en faisant mention du procès-verbal.

Néanmoins, si la pièce se trouve faire partie d'un registre de manière à ne pouvoir en être momentanément
distraite, le tribunal pourra, en ordonnant l'apport du
registre, dispenser de la formalité établie par le présent
article.

456. Les écritures privées peuvent aussi être produites
pour pièces de comparaison, et être admises à ce titre, si
les parties intéressées les reconnaissent.

Néanmoins les particuliers qui, même de leur aveu,
en sont possesseurs, ne peuvent être immédiatement contraints à les remettre ; mais si, après avoir été cités devant
le tribunal saisi pour faire cette remise ou déduire les motifs de leur refus, ils succombent, l'arrêt ou le jugement
pourra ordonner qu'ils y seront contraints par corps.

457. Lorsque les témoins s'expliqueront sur une pièce du procès, ils la parapheront et la signeront ; et s'ils
ne peuvent signer, le procès-verbal en fera mention.

458. Si, dans le cours d'une instruction ou d'une
procédure, une pièce produite est arguée de faux par
l'une des parties, elle sommera l'autre de déclarer si elle
entend se servir de la pièce.

459. La pièce sera rejetée du procès, si la partie déclare qu'elle ne veut pas s'en servir, ou si, dans le délai de huit jours, elle ne fait aucune déclaration; et il sera passé outre à l'instruction et au jugement.

Si la partie déclare qu'elle entend se servir de la pièce, l'instruction sur le faux sera suivie incidemment devant la cour ou le tribunal saisi de l'affaire principale.

460. Si la partie qui a argué de faux la pièce, soutient que celui qui l'a produite est l'auteur ou le complice du faux, ou s'il résulte de la procédure que l'auteur ou le complice du faux soit vivant, et la poursuite du crime non éteinte par la prescription, l'accusation sera suivie criminellement dans les formes ci-dessus prescrites.

Si le procès est engagé au civil, il sera sursis au jugement jusqu'à ce qu'il ait été prononcé sur le faux.

S'il s'agit de crimes, délits ou contraventions, la cour ou le tribunal saisi est tenu de décider préalablement, et après avoir entendu l'officier chargé du ministère public, s'il y a lieu ou non à surseoir.

461. Le prévenu ou l'accusé pourra être requis de produire et de former un corps d'écriture; en cas de refus ou de silence, le procès-verbal en fera mention.

462. Si une cour ou un tribunal trouve dans la visite d'un procès, même civil, des indices sur un faux et sur la personne qui l'a commis, l'officier chargé du ministère public ou le président transmettra les pièces au substitut du procureur général près le juge d'instruction soit du lieu où le délit paraîtra avoir été commis, soit du lieu où le prévenu pourra être saisi, et il pourra même délivrer le mandat d'amener.

463. Lorsque des actes authentiques auront été déclarés faux en tout ou en partie, la cour ou le tribunal qui aura connu du faux, ordonnera qu'ils soient rétablis, rayés ou réformés, et du tout il sera dressé procès-verbal.

Les pièces de comparaison seront renvoyées dans les dépôts d'où elles auront été tirées, ou seront remises aux personnes qui les auront communiquées; le tout dans le délai de quinzaine à compter du jour de l'arrêt ou jugement, à peine d'une amende de cinquante francs contre le greffier.

464. Le surplus de l'instruction sur le faux se fera comme sur les autres délits, sauf l'exception suivante.

Les présidens des cours d'assises ou spéciales, les procureurs généraux ou leurs substituts, les juges d'instruction et juges de paix, pourront continuer, hors de leur ressort, les visites nécessaires chez les personnes soupçonnées d'avoir fabriqué, introduit, distribué de faux papiers nationaux, de faux billets de la banque de France ou des banques de département.

La présente disposition a lieu également pour crime de fausse monnaie, ou de contrefaction du sceau de l'État.

CHAPITRE II.

Des contumaces.

465. Lorsqu'après un arrêt de mise en accusation, l'accusé n'aura pu être saisi, ou ne se présentera pas dans les dix jours de la notification qui en aura été faite à son domicile;

Ou lorsqu'après s'être présenté ou avoir été saisi, il se sera évadé;

Le président de la cour d'assises ou celui de la cour spéciale, chacun dans les affaires de leur compétence respective, ou, en leur absence, le président du tribunal de première instance, et à défaut de l'un et de l'autre, le plus ancien juge de ce tribunal, rendra une ordonnance portant qu'il sera tenu de se représenter dans un nouveau délai de dix jours; sinon, qu'il sera déclaré rebelle à la loi, qu'il sera suspendu de l'exercice des droits de citoyen, que ses biens seront séquestrés pendant l'instruction de la contumace, que toute action en justice lui sera interdite pendant le même temps, qu'il sera procédé contre lui, et que toute personne est tenue d'indiquer le lieu où il se trouve.

Cette ordonnance fera de plus mention du crime, et de l'ordonnance de prise de corps.

466. Cette ordonnance sera publiée à son de trompe ou de caisse, le dimanche suivant, et affichée à la porte du domicile de l'accusé, à celle du maire, et à celle de l'auditoire de la cour d'assises ou de la cour spéciale.

Le procureur général ou son substitut adressera aussi cette ordonnance au directeur des domaines et droits d'enregistrement du domicile du contumax.

467. Après un délai de dix jours, il sera procédé au jugement de la contumace.

468. Aucun conseil, aucun avoué, ne pourra se présenter pour défendre l'accusé contumax.

Si l'accusé est absent du territoire européen de l'Empire, ou s'il est dans l'impossibilité absolue de se rendre, ses parens ou ses amis pourront présenter son excuse et en plaider la légitimité.

469. Si la cour trouve l'excuse légitime, elle ordonnera qu'il sera sursis au jugement de l'accusé et au séquestre de ses biens, pendant un temps qui sera fixé, eu égard à la nature de l'excuse et à la distance des lieux.

470. Hors ce cas, il sera procédé de suite à la lecture de l'arrêt de renvoi à la cour d'assises ou à la cour spéciale, de l'acte de notification de l'ordonnance ayant pour objet la représentation du contumax, et des procès-verbaux dressés pour en constater la publication et l'affiche.

Après cette lecture, la cour, sur les conclusions du procureur général impérial ou de son substitut, prononcera sur la contumace.

I. C.

Si l'instruction n'est pas conforme à la loi, la cour la déclarera nulle, et ordonnera qu'elle sera recommencée à partir du plus ancien acte illégal.

Si l'instruction est régulière, la cour prononcera sur l'accusation et statuera sur les intérêts civils, le tout sans assistance ni intervention de jurés.

471. Si le contumax est condamné, ses biens seront à partir de l'exécution de l'arrêt, considérés et régis comme biens d'absent; et le compte du séquestre sera rendu à qui il appartiendra, après que la condamnation sera devenue irrévocable par l'expiration du délai donné pour purger la contumace.

472. Extrait du jugement de condamnation sera, dans les trois jours de la prononciation, à la diligence du procureur général impérial ou de son substitut, affiché par l'exécuteur des jugemens criminels, à un poteau qui sera planté au milieu de l'une des places publiques de la ville chef-lieu de l'arrondissement où le crime aura été commis.

Pareil extrait sera, dans le même délai, adressé au directeur des domaines et droits d'enregistrement du domicile du contumax.

473. Le recours en cassation ne sera ouvert contre les jugemens de contumace qu'au procureur général impérial, et à la partie civile en ce qui la regarde.

474. En aucun cas la contumace d'un accusé ne suspendra ni ne retardera de plein droit l'instruction, à l'égard de ses coaccusés présens.

La cour pourra ordonner, après le jugement de ceux-ci, la remise des effets déposés au greffe comme pièces de conviction, lorsqu'ils seront réclamés par les propriétaires ou ayant-droit. Elle pourra aussi ne l'ordonner qu'à charge de représenter, s'il y a lieu.

Cette remise sera précédée d'un procès-verbal de description, dressé par le greffier, à peine de cent francs d'amende.

475. Durant le séquestre, il peut être accordé des secours à la femme, aux enfans, au père ou à la mère de l'accusé, s'ils sont dans le besoin.

Ces secours seront réglés par l'autorité administrative.

476. Si l'accusé se constitue prisonnier, ou s'il est arrêté avant que la peine soit éteinte par prescription, le jugement rendu par contumace et les procédures faites contre lui depuis l'ordonnance de prise de corps ou de se représenter, seront anéantis de plein droit, et il sera procédé à son égard dans la forme ordinaire.

Si cependant la condamnation par contumace était de nature à emporter la mort civile, et si l'accusé n'a été arrêté ou ne s'est représenté qu'après les cinq ans qui ont suivi l'exécution du jugement de contumace, ce jugement, conformément à l'article 30 du Code Napoléon, conservera, pour le passé, les effets que la mort civile aurait produits dans l'intervalle écoulé depuis l'expiration des cinq ans jusqu'au jour de la comparution de l'accusé en justice.

477. Dans les cas prévus par l'article précédent, si, pour quelque cause que ce soit, des témoins ne peuvent être produits aux débats, leurs dépositions écrites et les réponses écrites des autres accusés du même délit seront lues à l'audience: il en sera de même de toutes les autres pièces qui seront jugées par le président être de nature à répandre la lumière sur le délit et les coupables.

478. Le contumax qui, après s'être représenté, obtiendrait son renvoi de l'accusation, sera toujours condamné aux frais occasionnés par sa contumace.

CHAPITRE III.

Des crimes commis par des Juges, hors de leurs fonctions, et dans l'exercice de leurs fonctions.

SECTION I.re

De la poursuite et instruction contre des Juges, pour crimes et délits par eux commis hors de leurs fonctions.

479. Lorsqu'un juge de paix, un membre de tribunal correctionnel ou de première instance, ou un officier chargé du ministère public près l'un de ces tribunaux, sera prévenu d'avoir commis, hors de ses fonctions, un délit emportant une peine correctionnelle, le procureur général près la cour impériale le fera citer devant cette cour, qui prononcera sans qu'il puisse y avoir appel.

480. S'il s'agit d'un crime emportant peine afflictive ou infamante, le procureur général près la cour impériale et le premier président de cette cour désigneront, le premier, le magistrat qui exercera les fonctions d'officier de police judiciaire ; le second, le magistrat qui exercera les fonctions de juge d'instruction.

481. Si c'est un membre de cour impériale ou un officier exerçant près d'elle le ministère public, qui soit prévenu d'avoir commis un délit ou un crime hors de ses fonctions, l'officier qui aura reçu les dénonciations ou les plaintes, sera tenu d'en envoyer de suite des copies au grand-juge ministre de la justice, sans aucun retard de l'instruction qui sera continuée comme il est précédemment réglé, et il adressera pareillement au grand-juge une copie des pièces.

482. Le grand-juge transmettra les pièces à la cour de cassation, qui renverra l'affaire, s'il y a lieu, soit à un tribunal de police correctionnelle, soit à un juge d'instruction, pris l'un et l'autre hors du ressort de la cour à laquelle appartient le membre inculpé.

S'il s'agit de prononcer la mise en accusation, le renvoi sera fait à une autre cour impériale.

SECTION II.

*De la poursuite et instruction contre des Juges et Tribunaux autres que ceux désignés par l'article 101 du Sénatus-consulte du 28 floréal an XII, *) pour forfaiture et autres crimes ou délits relatifs à leurs fonctions.*

483. Lorsqu'un juge de paix ou de police, ou un juge faisant partie d'un tribunal de commerce, un officier de police judiciaire, un membre de tribunal correctionnel ou de première instance, ou un officier chargé du ministère public près l'un de ces juges ou tribunaux, sera prévenu d'avoir commis, dans l'exercice de ses fonctions, un délit emportant une peine correctionnelle, ce délit sera poursuivi et jugé comme il est dit à l'article 479.

484. Lorsque des fonctionnaires de la qualité exprimée en l'article précédent seront prévenus d'avoir commis un crime emportant la peine de forfaiture ou autre plus grave, les fonctions ordinairement dévolues au juge d'instruction et au procureur impérial seront immédiatement remplies par le premier président et le procureur général près la cour impériale, chacun en ce qui le concerne, ou par tels autres officiers qu'ils auront respectivement et spécialement désignés à cet effet.

Jusqu'à cette délégation, et dans le cas où il existerait un corps de délit, il pourra être constaté par tout officier de police judiciaire; et pour le surplus de la procédure, on suivra les dispositions générales du présent Code.

485. Lorsque le crime commis dans l'exercice des fonctions et emportant la peine de forfaiture ou autre plus grave, sera imputé soit à un tribunal entier de commerce,

---

*) *Cet article est ainsi conçu*: «Une haute cour impériale connoit

. . . .

7. «Des forfaitures ou prises à partie qui peuvent être encourues par une cour d'appel, ou par une cour de justice criminelle, ou par des membres de la cour de cassation.»

correctionnel ou de première instance, soit individuellement à un ou plusieurs membres des cours impériales, et aux procureurs généraux et substituts près ces cours, il sera procédé comme il suit.

486. Le crime sera dénoncé au grand-juge ministre de la justice, qui donnera, s'il y a lieu, ordre au procureur général impérial près la cour de cassation, de le poursuivre sur la dénonciation.

Le crime pourra aussi être dénoncé directement à la cour de cassation par les personnes qui se prétendront lésées, mais seulement lorsqu'elles demanderont à prendre le tribunal ou le juge à partie, ou lorsque la dénonciation sera incidente à une affaire pendante à la cour de cassation.

487. Si le procureur général près la cour de cassation ne trouve pas dans les pièces à lui transmises par le grand-juge, ou produites par les parties, tous les renseignemens qu'il jugera nécessaires, il sera, sur son réquisitoire, désigné par le premier président de cette cour un de ses membres, pour l'audition des témoins, et tous autres actes d'instruction qu'il peut y avoir lieu de faire dans la ville où siége la cour de cassation.

488. Lorsqu'il y aura des témoins à entendre ou des actes d'instruction à faire hors de la ville où siége la cour de cassation, le premier président de cette cour fera, à ce sujet, toutes délégations nécessaires, à un juge d'instruction, même d'un département ou d'un arrondissement autres que ceux du tribunal ou du juge prévenu.

489. Après avoir entendu les témoins et terminé l'instruction qui lui aura été déléguée, le juge d'instruction mentionné en l'article précédent renverra les procès-verbaux et les autres actes, clos et cachetés, au premier président de la cour de cassation.

490. Sur le vu, soit des pièces qui auront été transmises par le grand-juge, ou produites par les parties

soit des renseignemens ultérieurs qu'il se sera procurés, le premier président décernera, s'il y a lieu, le mandat de dépôt.

Ce mandat désignera la maison d'arrêt dans laquelle le prévenu devra être déposé.

491. Le premier président de la cour de cassation ordonnera de suite la communication de la procédure au procureur général, qui, dans les cinq jours suivans, adressera à la section des requêtes son réquisitoire contenant la dénonciation du prévenu.

492. Soit que la dénonciation portée à la section des requêtes, ait été ou non précédée d'un mandat de dépôt, cette section y statuera, toutes affaires cessantes.

Si elle la rejette, elle ordonnera la mise en liberté du prévenu.

Si elle l'admet, elle renverra le tribunal ou le juge prévenu, devant les juges de la section civile, qui prononceront sur la mise en accusation.

493. La dénonciation incidente à une affaire pendante à la cour de cassation, sera portée devant la section saisie de l'affaire; et si elle est admise, elle sera renvoyée de la section criminelle ou de celle des requêtes à la section civile, et de la section civile à celle des requêtes.

494. Lorsque, dans l'examen d'une demande en prise à partie ou de toute autre affaire, et sans qu'il y ait de dénonciation directe ni incidente, l'une des sections de la cour de cassation apercevra quelque délit de nature à faire poursuivre criminellement un tribunal ou un juge de la qualité exprimée en l'article 479, elle pourra d'office ordonner le renvoi, conformément à l'article précédent.

495. Lorsque l'examen d'une affaire portée devant les sections réunies donnera lieu au renvoi d'office exprimé dans l'article qui précède, ce renvoi sera fait à la section civile.

496. Dans tous les cas, la section à laquelle sera fait le renvoi sur dénonciation ou d'office, prononcera sur la mise en accusation.

Son président remplira les fonctions que la loi attribue aux juges d'instruction.

497. Ce président pourra déléguer l'audition des témoins et l'interrogatoire des prévenus à un autre juge d'instruction, pris même hors de l'arrondissement et du département où se trouvera le prévenu.

498. Le mandat d'arrêt que délivrera le président, désignera la maison d'arrêt dans laquelle le prévenu devra être conduit.

499. La section de la cour de cassation, saisie de l'affaire, délibérera sur la mise en accusation, en séance non publique : les juges devront être en nombre impair.

Si la majorité des juges trouve que la mise en accusation ne doit pas avoir lieu, la dénonciation sera rejetée par un arrêt, et le procureur général fera mettre le prévenu en liberté.

500. Si la majorité des juges est pour la mise en accusation, cette mise en accusation sera prononcée par un arrêt, qui portera en même temps ordonnance de prise de corps.

En exécution de cet arrêt, l'accusé sera transféré dans la maison de justice de la cour d'assises qui sera désignée par celle de cassation, dans l'arrêt même.

501. L'instruction, ainsi faite devant la cour de cassation, ne pourra être attaquée quant à la forme.

Elle sera commune aux complices du tribunal ou du juge poursuivi, lors même qu'ils n'exerceraient point de fonctions judiciaires.

502. Seront au surplus observées les autres dispositions du présent Code qui ne sont pas contraires aux formes de procéder prescrites par le présent chapitre.

503. Lorsqu'il se trouvera, dans la section criminelle saisie du recours en cassation dirigé contre l'arrêt de la cour d'assises à laquelle l'affaire aura été renvoyé, des juges qui auront concouru à la mise en accusation dans l'une des autres sections, ils s'abstiendront.

Et néanmoins, dans le cas d'un second recours qui donnera lieu à la réunion des sections, tous les juges en pourront connaître.

CHAPITRE IV.
Des délits contraires au respect dû aux autorités constituées.

504. Lorsqu'à l'audience ou en tout autre lieu où se fait publiquement une instruction judiciaire, l'un ou plusieurs des assistans donneront des signes publics soit d'approbation, soit d'improbation, ou exciteront du tumulte, de quelque manière que ce soit, le président ou le juge les fera expulser; s'ils résistent à ses ordres, ou s'ils rentrent, le président ou le juge ordonnera de les arrêter et conduire dans la maison d'arrêt: il sera fait mention de cet ordre dans le procés-verbal; et sur l'exhibition qui en sera faite au gardien de la maison d'arrêt, les perturbateurs y seront reçus et retenus pendant vingt-quatre heures.

505. Lorsque le tumulte aura été accompagné d'injures ou voies de fait donnant lieu à l'application ultérieure de peines correctionnelles ou de police, ces peines pourront être, séance tenante et immédiatement après que les faits auront été constatés, prononcées, savoir:

Celles de simple police, sans appel, de quelque tribunal ou juge qu'elles émanent;

Et celles de police correctionnelle, à la charge de l'appel, si la condamnation a été portée par un tribunal sujet à appel, ou par un juge seul.

506. S'il s'agit d'un crime commis à l'audience d'un juge seul, ou d'un tribunal sujet à appel, le juge ou le

tribunal, après avoir fait arrêter le délinquant et dressé procès-verbal des faits, enverra les pièces et le prévenu devant les juges compétens.

507. A l'égard des voies de fait qui auraient dégénéré en crimes, ou de tous autres crimes flagrans et commis à l'audience de la cour de cassation, d'une cour impériale ou d'une cour d'assises ou spéciale, la cour procédera au jugement de suite et sans désemparer.

Elle entendra les témoins, le délinquant et le conseil qu'il aura choisi ou qui lui aura été désigné par le président; et, après avoir constaté les faits et ouï le procureur général ou son substitut, le tout publiquement, elle appliquera la peine par un arrêt, qui sera motivé.

508. Dans le cas de l'article précédent, si les juges présens à l'audience sont au nombre de cinq ou de six, il faudra quatre voix pour opérer la condamnation.

S'ils sont au nombre de sept, il faudra cinq voix pour condamner.

Au nombre de huit et au-delà, l'arrêt de condamnation sera prononcé aux trois quarts des voix, de manière toutefois que, dans le calcul de ces trois quarts, les fractions, s'il s'en trouve, soient appliquées en faveur de l'absolution.

509. Les préfets, sous-préfets, maires et adjoints, officiers de police administrative ou judiciaire, lorsqu'ils rempliront publiquement quelques actes de leur ministère, exerceront aussi les fonctions de police réglée par l'article 504; et, après avoir fait saisir les perturbateurs, ils dresseront procès-verbal du délit, et enverront ce procès-verbal, s'il y a lieu, ainsi que les prévenus, devant les juges compétens.

CHAPITRE V.

De la Manière dont seront reçues, en Matière criminelle, correctionnelle et de police, les dépositions des Princes et de certains fonctionnaires de l'État.

510. Les princes ou princesses du sang impérial, les grands dignitaires de l'Empire et le grand-juge ministre de la justice, ne pourront jamais être cités comme témoins, même pour les débats qui ont lieu en présence du jury, si ce n'est dans le cas où l'Empereur, sur la demande d'une partie et le rapport du grand-juge, aurait, par un décret spécial, autorisé cette comparution.

511. Les dépositions des personnes de cette qualité seront, sauf l'exception ci-dessus prévue, rédigées par écrit et reçues par le premier président de la cour impériale, si les personnes dénommées en l'article précédent résident ou se trouvent au chef-lieu d'une cour impériale; sinon, par le président du tribunal de première instance de l'arrondissement dans lequel elles auraient leur domicile, ou se trouveraient accidentellement.

Il sera, à cet effet, adressé par la cour ou le juge d'instruction saisi de l'affaire, au président ci-dessus nommé, un état des faits, demandes et questions, sur lesquels le témoignage est requis.

Ce président se transportera aux demeures des personnes dont il s'agit, pour recevoir leurs dépositions.

512. Les dépositions ainsi reçues seront immédiatement remises au greffe, ou envoyées closes et cachetées à celui de la cour ou du juge requérant, et communiquées sans délai à l'officier chargé du ministère public;

Dans l'examen devant le jury, elles seront lues publiquement aux jurés et soumises aux débats, sous peine de nullité.

513. Dans le cas où l'Empereur aurait porté un décret ordonnant ou autorisant la comparution de quelques-unes des personnes ci-dessus désignées, devant le jury, le

même décret impérial désignera le cérémonial à observer à leur égard.

514. A l'égard des ministres autres que le grand-juge, des grands officiers de l'Empire, conseillers d'état chargés d'une partie dans l'administration publique, généraux en chef actuellement en service, ambassadeurs ou autres agens de l'Empereur accrédités près les cours étrangères, il sera procédé comme il suit :

Si leur déposition est requise devant la cour d'assises, ou devant le juge d'instruction du lieu de leur résidence ou de celui où ils se trouveraient accidentellement, ils devront la fournir dans les formes ordinaires.

S'il s'agit d'une déposition relative à une affaire poursuivie hors du lieu où ils résident pour l'exercice de leurs fonctions et de celui où ils se trouveraient accidentellement, et si cette déposition n'est pas requise devant le jury, le président ou le juge d'instruction saisi de l'affaire adressera à celui du lieu où résident ces fonctionnaires à raison de leurs fonctions, un état des faits, demandes et questions, sur lesquels leur témoignage est requis.

S'il s'agit du témoignage d'un agent résidant auprès d'un Gouvernement étranger, cet état sera adressé au grand-juge ministre de la justice, qui en fera le renvoi sur les lieux, et désignera la personne qui recevra la déposition.

515. Le président ou le juge d'instruction auquel sera adressé l'état mentionné en l'article précédent, fera assigner le fonctionnaire devant lui, et recevra sa déposition par écrit.

516. Cette déposition sera envoyée close et cachetée au greffe de la cour ou du juge requérant, communiquée et lue, comme il est dit en l'article 512, et sous les mêmes peines.

517. Si les fonctionnaires de la qualité exprimée dans l'article 514, sont cités à comparaître comme témoins de

vant un jury assemblé hors du lieu où ils résident pour l'exercice de leurs fonctions, ou de celui où ils se trouveraient accidentellement, ils pourront en être dispensés par un décret de l'Empereur.

Dans ce cas, ils déposeront par écrit, et l'on observera les dispositions prescrites par les articles 514, 515 et 516.

CHAPITRE VI.

De la Reconnaissance de l'identité des individus condamnés, évadés et repris.

(Loi décrétée le 13 Décembre 1808, promulguée le 23 du même mois.)

518. La reconnaissance de l'identité d'un individu condamné, évadé et repris, sera faite par la cour qui aura prononcé sa condamnation.

Il en sera de même de l'identité d'un individu condamné à la déportation ou au bannissement, qui aura enfreint son ban et sera repris; et la cour, en prononçant l'identité, lui appliquera, de plus, la peine attachée par la loi à son infraction.

519. Tous ces jugemens seront rendus sans assistance de jurés, après que la cour aura entendu les témoins appelés tant à la requête du procureur général qu'à celle de l'individu repris, si ce dernier en a fait citer.

L'audience sera publique, et l'individu repris sera présent, à peine de nullité.

520. Le procureur général impérial et l'individu repris pourront se pourvoir en cassation, dans la forme et dans le délai déterminés par le présent Code contre l'arrêt rendd sur la poursuite en reconnaissance d'identité.

CHAPITRE VII.

Manière de Procéder en cas de destruction ou d'enlèvement des pièces ou du Jugement d'une affaire.

521. Lorsque, par l'effet d'un incendie, d'une inondation ou de toute autre cause extraordinaire, des minutes

d'arrêts rendus en matière criminelle ou correctionnelle, et non encore exécutés, ou des procédures encore indécises, auront été détruites, enlevées, ou se trouveront égarées, et qu'il n'aura pas été possible de les rétablir, il sera procédé ainsi qu'il suit.

522. S'il existe une expédition ou copie authentique de l'arrêt, elle sera considérée comme minute, et en conséquence remise dans le dépôt destiné à la conservation des arrêts.

A cet effet, tout officier public ou tout individu dépositaire d'une expédition ou d'une copie authentique de l'arrêt, est tenu, sous peine d'y être contraint par corps, de la remettre au greffe de la cour qui l'a rendu, sur l'ordre qui en sera donné par le président de cette cour.

Cet ordre lui servira de décharge envers ceux qui auront intérêt à la pièce.

Le dépositaire de l'expédition ou copie authentique de la minute, détruite, enlevée ou égarée, aura la liberté, en la remettant dans le dépôt public, de s'en faire délivrer une expédition sans frais.

523. Lorsqu'il n'existera plus, en matière criminelle, d'expédition ni de copie authentique de l'arrêt, si la déclaration du jury existe encore en minute ou en copie authentique, on procédera, d'après cette déclaration, à un nouveau jugement.

524. Lorsque la déclaration du jury ne pourra plus être représentée, ou lorsque l'affaire aura été jugée sans jurés, et qu'il n'en existera aucun acte par écrit, l'instruction sera recommencée, à partir du point où les pièces se trouveront manquer tant en minute qu'en expédition ou copie authentique.

TITRE V.

DES RÉGLEMENS DE JUGES, ET DES RENVOIS D'UN TRIBUNAL A UN AUTRE.

(Loi décrétée le 14 Décembre 1808, promulguée le 24 du même mois.)

CHAPITRE I.er

Des réglemens des Juges.

525. Toutes demandes en réglement de juges seront instruites et jugées sommairement et sur simples mémoires.

526. Il y aura lieu à être réglé de juges par la cour de cassation, en matière criminelle, correctionnelle ou de police, lorsque des cours, tribunaux, ou juges d'instruction, ne ressortissant point les uns aux autres, seront saisis de la connaissance du même délit ou de délits connexes, ou de la même contravention.

527. Il y aura lieu également à être réglé de juges par la cour de cassation, lorsqu'un tribunal militaire ou maritime, ou un officier de police militaire, ou tout autre tribunal d'exception, d'une part, une cour impériale ou d'assises ou spéciale, un tribunal jugeant correctionnellement, un tribunal de police ou un juge d'instruction, d'autre part, seront saisis de la connaissance du même délit ou de délits connexes, ou de la même contravention.

528. Sur le vu de la requête et des pièces, la cour de cassation, section criminelle, ordonnera que le tout soit communiqué aux parties, ou statuera définitivement, sauf l'opposition.

529. Dans le cas où la communication serait ordonnée sur le pourvoi en conflit du prévenu, de l'accusé ou de la partie civile, l'arrêt enjoindra à l'un et à l'autre des officiers chargés du ministère public près les autorités judiciaires concurremment saisies, de transmettre les pièces du procès et leur avis motivé sur le conflit.

530. Lorsque la communication sera ordonnée sur le pourvoi de l'un de ces officiers, l'arrêt ordonnera à l'autre de transmettre les pièces et son avis motivé.

531. L'arrêt de *soit communiqué* fera mention sommaire des actes d'où naîtra le conflit, et fixera, selon la distance des lieux, le délai dans lequel les pièces et les avis motivés seront apportés au greffe.

La notification qui sera faite de cet arrêt aux parties, emportera de plein droit sursis au jugement du procès, et, en matière criminelle, à la mise en accusation, ou, si elle a déjà été prononcée, à la formation du jury dans les cours d'assises, et à l'examen dans les cours spéciales, mais non aux actes et aux procédures conservatoires ou d'instruction.

Le prévenu ou l'accusé et la partie civile pourront présenter leurs moyens sur le conflit, dans la forme réglée par le chapitre II du titre III du présent livre pour le recours en cassation.

532. Lorsque, sur la simple requête, il sera intervenu arrêt qui aura statué sur la demande en réglement de juges, cet arrêt sera, à la diligence du procureur général près la cour de cassation, et par l'intermédiaire du grand-juge ministre de la justice, notifié à l'officier chargé du ministère public près la cour, le tribunal ou le magistrat dessaisi.

Il sera notifié de même au prévenu ou à l'accusé, et à la partie civile, s'il y en a une.

533. Le prévenu ou l'accusé et la partie civile pourront former opposition à l'arrêt dans le délai de trois jours, et dans les formes prescrites par le chapitre II du titre III du présent livre pour le recours en cassation.

534. L'opposition dont il est parlé au précédent article, entraînera de plein droit sursis au jugement du procès, comme il est dit en l'article 531.

535. Le prévenu qui ne sera pas en arrestation, l'accusé qui ne sera pas retenu dans la maison de justice, et la partie civile, ne seront point admis au bénéfice de l'opposition, s'ils n'ont antérieurement, ou dans le délai fixé par l'article 533, élu domicile dans le lieu où siége l'une des autorités judiciaires en conflit.

A défaut de cette élection, ils ne pourront non plus exciper de ce qu'il ne leur aurait été fourni aucune communication, dont le poursuivant sera dispensé à leur égard.

536. La cour de cassation, en jugeant le conflit, statuera sur tous les actes qui pourraient avoir été faits par la cour, le tribunal ou le magistrat qu'elle dessaisira.

537. Les arrêts rendus sur des conflits ne pourront pas être attaqués par la voie de l'opposition, lorsqu'ils auront été précédés d'un arrêt de *soit communiqué*, dûment exécuté.

538. L'arrêt rendu, ou après un *soit communiqué*, ou sur une opposition, sera notifié aux mêmes parties et dans la même forme que l'arrêt qui l'aura précédé.

539. Lorsque le prévenu ou l'accusé, l'officier chargé du ministère public, ou la partie civile, aura excipé de l'incompétence d'un tribunal de première instance ou d'un juge d'instruction, ou proposé un déclinatoire, soit que l'exception ait été admise ou rejetée, nul ne pourra recourir à la cour de cassation pour être réglé de juges; sauf à se pourvoir devant la cour impériale contre la décision portée par le tribunal de première instance ou le juge d'instruction, et à se pourvoir en cassation, s'il y a lieu, contre l'arrêt rendu par la cour impériale.

540. Lorsque deux juges d'instruction ou deux tribunaux de première instance, établis dans le ressort de la même cour impériale, seront saisis de la connaissance du même délit ou de délits connexes, les parties seront réglées de juges par cette cour, suivant la forme prescrite

au présent chapitre; sauf le recours, s'il y a lieu, à la cour de cassation.

Lorsque deux tribunaux de police simple seront saisis de la connaissance de la même contravention ou de contraventions connexes, les parties seront réglées de juges par le tribunal auquel ils ressortissent l'un et l'autre; et s'ils ressortissent à différens tribunaux, elles seront réglées par la cour impériale; sauf le recours, s'il y a lieu, à la cour de cassation.

541. La partie civile, le prévenu ou l'accusé qui succombera dans la demande en réglement de juges qu'il aura introduite, pourra être condamné à une amende qui toutefois n'excédera point la somme de trois cents francs, dont moitié sera pour la partie.

CHAPITRE II.
Des renvois d'un tribunal à un autre.

542. En matière criminelle, correctionnelle et de police, la cour de cassation peut, sur la réquisition du procureur général près cette cour renvoyer la connaissance d'une affaire, d'une cour impériale ou d'assises ou spéciale à une autre, d'un tribunal correctionnel ou de police à un autre tribunal de même qualité, d'un juge d'instruction à un autre juge d'instruction, pour cause de sûreté publique ou de suspicion légitime.

Ce renvoi peut aussi être ordonné sur la réquisition des parties intéressées, mais seulement pour cause de suspicion légitime.

543. La partie intéressée qui aura procédé volontairement devant une cour, un tribunal ou un juge d'instruction, ne sera reçue à demander le renvoi qu'à raison des circonstances survenues depuis, lorsqu'elles seront de nature à faire naître une suspicion légitime.

544. Les officiers chargés du ministère public pourront se pourvoir immédiatement devant la cour de cassa-

tion, pour demander le renvoi pour cause de suspicion légitime; mais, lorsqu'il s'agira d'une demande en renvoi pour cause de sûreté publique, ils seront tenus d'adresser leurs réclamations, leurs motifs et les pièces à l'appui, au grand-juge ministre de la justice, qui les transmettra, s'il y a lieu, à la cour de cassation.

545. Sur le vu de la requête et des pièces, la cour de cassation, section criminelle, statuera définitivement, sauf l'opposition, ou ordonnera que le tout soit communiqué.

546. Lorsque le renvoi sera demandé par le prévenu, l'accusé, ou la partie civile, et que la cour de cassation ne jugera à propos ni d'accueillir ni de rejeter cette demande sur-le-champ, l'arrêt en ordonnera la communication à l'officier chargé du ministère public près la cour, le tribunal ou le juge d'instruction saisi de la connaissance du délit, et enjoindra à cet officier de transmettre les pièces avec son avis motivé sur la demande en renvoi; l'arrêt ordonnera de plus, s'il y a lieu, que la communication sera faite à l'autre partie.

547. Lorsque la demande en renvoi sera formée par l'officier chargé du ministère public, et que la cour de cassation n'y statuera point définitivement, elle ordonnera, s'il y a lieu, que la communication sera faite aux parties, ou prononcera telle autre disposition préparatoire qu'elle jugera nécessaire.

548. Tout arrêt qui, sur le vu de la requête et des pièces, aura définitivement statué sur une demande en renvoi, sera, à la diligence du procureur général près la cour de cassation, et par l'intermédiaire du grand-juge ministre de la justice, notifié soit à l'officier chargé du ministère public près la cour, le tribunal ou le juge d'instruction dessaisi, soit à la partie civile, au prévenu ou à l'accusé en personne ou au domicile élu.

549. L'opposition ne sera pas reçue, si elle n'est pas formée d'après les règles et dans le délai fixés au chapitre I.er du présent titre.

550. L'opposition reçue emporte de plein droit sursis au jugement du procès, comme il est dit en l'article 531.

551. Les articles 525, 530, 531, 534, 535, 536, 537, 538 et 541, seront communs aux demandes en renvoi d'un tribunal à un autre.

552. L'arrêt qui aura rejeté une demande en renvoi, n'exclura pas une nouvelle demande en renvoi fondée sur des faits survenus depuis.

TITRE VI.
DES COURS SPÉCIALES.

(Loi décrétée le 15 Décembre 1808, promulguée le 25 du même mois.)

CHAPITRE UNIQUE.

De la compétence, de la composition des Cours spéciales, et de la procédure.

SECTION I.re
Compétence de la Cour spéciale.

553. Les crimes commis par des vagabonds, gens sans aveu, et par des condamnés à des peines afflictives ou infamantes, seront jugés, sans jurés, par les juges ci-après désignés, et dans les formes ci-après prescrites.

554. Le crime de rebellion armée à la force armée, celui de contrebande armée, le crime de fausse monnaie, et les assassinats s'ils ont été préparés par des attroupemens armés, seront jugés par les mêmes juges et dans les mêmes formes.

555. Si, parmi les prévenus des crimes spécifiés en l'article 553, et qui sont, par la simple qualité des personnes, attribués à la cour spéciale, il s'en trouve qui ne soient point par ladite qualité justiciables de cette cour, le procès et les parties seront renvoyés devant les cours d'assises.

§. I.er

Composition de la Cour spéciale.

556. La cour spéciale ne pourra juger qu'au nombre de huit juges : elle sera composée, 1.º du président de la cour d'assises, lorsqu'il sera sur les lieux ; en son absence ou en cas d'empêchement, d'un des membres de la cour impériale qui aurait été délégué à la cour d'assises, et, à leur défaut, du président du tribunal de première instance dans le ressort duquel la cour spéciale tiendra ses séances ; 2.º des quatre juges formant, aux termes des articles 253 et 254, avec le président, la cour d'assises ; 3.º de trois militaires ayant au moins le grade de capitaine.

Une loi particulière réglera l'organisation de la cour spéciale du département de la Seine.

557. Dans le département où siége la cour impériale, le procureur général ou l'un de ses substituts remplira, auprès de la cour spéciale, les fonctions du ministère public.

Le greffier de la cour, ou un de ses commis assermentés, y exercera ses fonctions.

558. Dans les autres départemens, les fonctions du ministère public seront exercées par le procureur impérial criminel ;

Et les fonctions de greffier seront remplies par le greffier du tribunal de première instance, ou par un de ses commis assermentés.

559. Les trois militaires seront âgés d'au moins trente ans, et nommés chaque année par sa Majesté. Ils auront trois suppléans du même grade, nommés également par sa Majesté.

§. II.

Époque et Lieux des Sessions de la Cour spéciale.

560. La cour spéciale sera convoquée toutes les fois que l'instruction d'une affaire de sa compétence sera complétée.

561. Le jour et le lieu où la session devra s'ouvrir, seront fixés par la cour impériale.

La session ne sera terminée qu'après que toutes les affaires de sa compétence qui étaient en état lors de son ouverture, y auront été portées.

562. Les dispositions contenues aux articles 254, 255, 256, 257, 258, 261, 264 et 265, relatifs aux cours d'assises, reçoivent leur application pour les cours spéciales.

§. III.

Fonctions du Président.

563. Le président est chargé d'entendre l'accusé lors de son arrivée dans la maison de justice.

Il pourra déléguer ces fonctions à l'un des juges.

Il dirige l'instruction et les débats.

Il détermine l'ordre entre ceux qui demandent à parler.

Il a la police de l'audience.

564. Les dispositions contenues aux articles 268, 269 et 270, relatifs aux autres attributions du président de la cour d'assises, sont communes au président de la cour spéciale.

§. IV.

Fonctions du Procureur général impérial et du Procureur impérial criminel.

565. Le procureur général impérial, et son substitut le procureur impérial criminel, exercent respectivement, dans les cours spéciales, les fonctions qui leur sont attribuées pour la poursuite, l'instruction, le jugement, dans les affaires de la compétence des cours d'assises, et qui sont réglées par les articles 271, 272, 273, 274, 275, 276, 277, par la première disposition de l'article 278, par l'article 279 et suivans, jusques et compris l'article 290.

SECTION II.

Instruction et Procédure antérieures à l'ouverture des Débats.

566. La poursuite des crimes qui sont de la compétence de la cour spéciale, sera faite suivant les formes établies pour la poursuite des crimes dont le jugement est de la compétence des tribunaux ordinaires.

567. L'arrêt de la cour impériale qui renvoie à la cour spéciale, et l'acte d'accusation, seront, dans les trois jours, signifiés à l'accusé.

568. Le procureur général impérial adressera, dans le même délai, expédition de l'arrêt au grand-juge ministre de la justice, pour être transmise à la cour de cassation.

569. La section criminelle de cette cour prendra connaissance de tous les arrêts de renvoi aux cours spéciales qui lui auront été déférés, et y statuera, toutes autres affaires cessantes.

570. La cour de cassation, en prononçant sur la compétence, prononcera en même temps et par le même arrêt sur les nullités qui, d'après l'article 299, pourraient se trouver dans l'arrêt de renvoi.

571. Aussitôt que l'accusation aura été prononcée, et sans attendre l'arrêt de la cour de cassation, l'instruction sera continuée sans délai jusqu'à l'ouverture des débats exclusivement, et dans les formes ci-après.

572. Les dispositions contenues aux articles 291, 292, 293, 294, 295, au dernier pargaraphe de l'art. 296 et aux articles 302, 303, 304, 305, 307 et 308, relatifs à l'instruction des procès de la compétence des cours d'assises, sont applicables à l'instruction des procès de la compétence des cours spéciales.

SECTION III.

De l'Examen.

573. Dans les trois jours de la réception de l'arrêt de la cour de cassation, le ministère public près la cour

impériale fera ses diligences pour la convocation la plus prompte de la cour spéciale.

574. Les dispositions contenues aux articles 310, 311, 313, 314, 315, 316, 317, 318, 319, 320, 321, 322, 323, 324, 325, 326 et 327, relatifs à l'examen et aux débats devant la cour d'assises, seront observées dans l'examen et les débats devant la cour spéciale.

Chaque témoin, après sa déposition, restera dans l'auditoire, si le président n'en a ordonné autrement, jusqu'à ce que la cour se soit retirée en la chambre du conseil pour y délibérer le jugement.

575. Pendant l'examen, le ministère public et les juges pourront prendre note de ce qui leur paraîtra important, soit dans les dépositions des témoins, soit dans la défense de l'accusé, pourvu que la discussion n'en soit pas interrompue.

576. Les dispositions contenues aux articles 329, 330, 331, 332, 333, 334 et 335, seront observées dans l'examen devant la cour spéciale.

Le ministère public donnera des conclusions motivées, et requerra, s'il y a lieu, l'application de la peine.

577 Le président fera retirer l'accusé de l'auditoire.

578. L'examen et les débats, une fois entamés, devront être continués sans interruption. Le président ne pourra les suspendre que pendant les intervalles nécessaires pour le repos des juges, des témoins et des accusés.

579. Les dispositions contenues aux articles 354, 355 et 356, seront exécutées.

SECTION IV.

Du Jugement.

580. La cour se retirera en la chambre du conseil, pour y délibérer.

581. Le président posera les questions, et recueillera les voix.

Les trois juges militaires opineront les premiers, en commençant par le plus jeune.

582. Le jugement de la cour se formera à la majorité.

583. En cas d'égalité de voix, l'avis favorable à l'accusé prévaudra.

584. L'arrêt qui acquittera l'accusé, statuera sur les dommages-intérêts respectivement prétendus, après que les parties auront proposé leurs fins de non recevoir ou leurs défenses, et que le procureur général aura été entendu.

La cour pourra néanmoins, si elle le juge convenable, commettre l'un des juges, pour entendre les parties, prendre connaissance des pièces, et faire son rapport à l'audience, où les parties pourront encore présenter leurs observations, et où le ministère public sera de nouveau entendu.

585. Les demandes en dommages-intérêts, formées soit par l'accusé contre ses dénonciateurs ou la partie civile, soit par la partie civile contre l'accusé ou le condamné, seront portées à la cour spéciale.

La partie civile est tenue de former sa demande en dommages-intérêts avant le jugement; plus tard, elle sera non recevable.

Il en est de même de l'accusé, s'il a connu son dénonciateur.

Dans le cas où l'accusé, n'aurait connu son dénonciateur que depuis le jugement, mais avant la fin de la session, il sera tenu, sous peine de déchéance, de porter sa demande à la cour spéciale. S'il ne l'a connu qu'après la clôture de la session, sa demande sera portée au tribunal civil.

A l'égard des tiers qui n'auraient pas été partie au procès, ils s'adresseront au tribunal civil.

586. Les articles 360 et 361 recevront leur exécution.

587. Si la cour déclare l'accusé convaincu du crime porté en l'accusation, son arrêt prononcera la peine établie par la loi, et statuera en même temps, sur les dommages-intérêts prétendus par la partie civile.

588. La cour pourra, dans les cas prévus par la loi, déclarer l'accusé excusable.

589. Si, par le résultat des débats, le fait dont l'accusé est convaincu était dépouillé des circonstances qui le rendaient justiciable de la cour spéciale, ou n'était pas de nature à entraîner peine afflictive ou infamante; au premier cas, la cour renverra, par un arrêt motivé, l'accusé et le procès devant la cour d'assises, qui prononcera, quelque soit ensuite le résultat des débats; au deuxième cas, la cour pourra appliquer, s'il y a lieu, les peines correctionnelles ou de police encourues par l'accusé.

590. L'article 367 sera exécuté.

591. L'arrêt sera prononcé à haute voix par le président, en présence du public et de l'accusé.

592. L'arrêt contiendra, sous les peines prononcées par l'article 369, le texte de la loi sur lequel il est fondé: ce texte sera lu à l'accusé.

593. La minute de l'arrêt sera signée par les juges qui l'auront rendu, à peine de cent francs d'amende contre le greffier, et de prise à partie tant contre le greffier que contre les juges. Elle sera signée dans les vingt-quatre heures de la prononciation.

594. Après avoir prononcé l'arrêt, le président pourra, selon les circonstances, exhorter l'accusé à la fermeté, à la résignation, ou à réformer sa conduite.

595. La cour, après la prononciation de l'arrêt, pourra, pour des motifs graves, recommander l'accusé à la commisération de l'Empereur.

Cette recommandation ne sera point insérée dans l'arrêt, mais dans un procès-verbal séparé, secret, motivé, dressé en la chambre du conseil, le ministère public entendu, et signé comme la minute de l'arrêt de condamnation.

Expédition dudit procès-verbal, ensemble de l'arrêt de condamnation, sera adressée de suite par le procureur général impérial au grand-juge ministre de la justice.

596. Les dispositions contenues en l'article 372 seront applicables à la cour spéciale.

597. L'arrêt ne pourra être attaqué par voie de cassation.

SECTION V.
De l'Exécution de l'Arrêt.

598. L'arrêt sera exécuté dans les vingt-quatre heures, à moins que le tribunal n'eût usé de la faculté qui lui est accordée par l'article 595.

599. Les articles 376, 377, 378, 379 et 380, seront exécutés.

TITRE VII.
DE QUELQUES OBJETS D'INTÉRÊT PUBLIC ET DE SûRETÉ GÉNÉRALE.

(Loi décrétée le 16 Décembre 1808, promulguée le 26 du même mois.)

CHAPITRE I.er
Du dépôt général de la notice des Jugemens.

600. Les greffiers des tribunaux correctionnels et des cours d'assises et spéciales seront tenus de consigner, par ordre alphabétique, sur un registre particulier, les noms, prénoms, profession, âge et résidence de tous les individus condamnés à un emprisonnement correctionnel ou à une plus forte peine: ce registre contiendra une notice sommaire de chaque affaire et de la condamnation, à peine de cinquante francs d'amende pour chaque omission.

601. Tous les trois mois, les greffiers enverront, sous peine de cent francs d'amende, copie de ces registres au grand-juge ministre de la justice et au ministre de la police générale.

602. Ces deux ministres feront tenir, dans la même forme, un registre général composé de ces diverses copies.

CHAPITRE II.

Des prisons, maisons d'arrêt et de justice.

603. Indépendamment des prisons établies pour peines, il y aura dans chaque arrondissement, près du tribunal de première instance, une maison d'arrêt pour y retenir les prévenus; et, près de chaque cour d'assises, une maison de justice pour y retenir ceux contre lesquels il aura été rendu une ordonnance de prise de corps.

604. Les maisons d'arrêt et de justice seront entièrement distinctes des prisons établies pour peines.

605. Les préfets veilleront à ce que ces différentes maisons soient non-seulement sûres, mais propres, et telles que la santé des prisonniers ne puisse être aucunement altérée.

606. Les gardiens de ces maisons seront nommés par les préfets.

607. Les gardiens des maisons d'arrêt, des maisons de justice et des prisons, seront tenus d'avoir un registre.

Ce registre sera signé et paraphé à toutes les pages, par le juge d'instruction, pour les maisons d'arrêt; par le président de la cour d'assises, ou, en son absence par le président du tribunal de première instance, pour les maisons de justice; et par le préfet, pour les prisons pour peines.

608. Tout exécuteur de mandat d'arrêt, d'ordonnance de prise de corps, d'arrêt ou de jugement de condamnation, est tenu, avant de remettre au gardien la personne qu'il conduira, de faire inscrire sur le registre l'acte dont il sera porteur; l'acte de remise sera écrit devant lui.

Le tout sera signé tant par lui que par le gardien.

Le gardien lui en remettra une copie signée de lui, pour sa décharge.

609. Nul gardien ne pourra, à peine d'être poursuivi et puni comme coupable de détention arbitraire, recevoir ni retenir aucune personne qu'en vertu soit d'un mandat de dépôt, soit d'un mandat d'arrêt décerné selon les formes prescrites par la loi, soit d'un arrêt de renvoi devant une cour d'assises ou une cour spéciale, d'un décret d'accusation ou d'un arrêt ou jugement de condamnation à peine afflictive ou à un emprisonnement, et sans que la transcription en ait été faite sur son registre.

610. Le registre ci-dessus mentionné contiendra également, en marge de l'acte de remise, la date de la sortie du prisonnier, ainsi que l'ordonnance, l'arrêt ou le jugement en vertu duquel elle aura lieu.

611. Le juge d'instruction est tenu de visiter, au moins une fois par mois, les personnes retenues dans la maison d'arrêt de l'arrondissement.

Une fois au moins dans le cours de chaque session de la cour d'assises, le président de cette cour est tenu de visiter les personnes retenues dans la maison de justice.

Le préfet est tenu de visiter, au moins une fois par an, toutes les maisons de justice et prisons, et tous les prisonniers du département.

612. Indépendamment des visites ordonnées par l'article précédent, le maire de chaque commune où il y aura soit une maison d'arrêt, soit une maison de justice, soit une prison, et, dans les communes où il y aura plusieurs maires, le préfet de police ou le commissaire général de police, est tenu de faire, au moins une fois par mois, la visite de ces maisons.

613. Le maire, le préfet de police ou le commissaire général de police, veillera à ce que la nourriture des pri-

sonniers soit suffisante et saine : la police de ces maisons
lui appartiendra.

Le juge d'instruction et le président des assises pourront néanmoins donner respectivement tous les ordres qui
devront être exécutés dans les maisons d'arrêt et de justice, et qu'ils croiront nécessaires, soit pour l'instruction,
soit pour le jugement.

614. Si quelque prisonnier use de menaces, injures
ou violences, soit à l'égard du gardien ou de ses préposés,
soit à l'égard des autres prisonniers, il sera, sur les ordres
de qui il appartiendra, resserré plus étroitement, enfermé
seul, même mis aux fers en cas de fureur ou de violence
grave, sans préjudice des poursuites auxquelles il pourrait
avoir donné lieu.

CHAPITRE III.

*Des moyens d'assurer la liberté individuelle contre les
détentions illégales ou d'autres actes arbitraires.*

615. En exécution des articles 77, 78, 79, 80, 81
et 82 de l'acte des constitutions de l'Empire, du 22 fri-
maire an VIII *), quiconque aura connaissance qu'un in-

*) Art. 77. « Pour que l'acte qui ordonne l'arrestation d'une
» personne puisse être exécuté, il faut, 1.° qu'il exprime formelle-
» ment le motif de l'arrestation, et la loi en exécution de laquelle
» elle est ordonnée; 2.° qu'il émane d'un fonctionnaire à qui la loi
» ait donné formellement ce pouvoir; 3.° qu'il soit notifié à la per-
» sonne arrêtée et qu'il lui en soit laissé copie.

Art. 78. « Un gardien ou geolier ne peut recevoir ni détenir
» aucune personne qu'après avoir transcrit sur son registre l'acte qui
» ordonne l'arrestation; cet acte doit être un mandat donné dans
» les formes prescrites par l'article précédent, ou une ordonnance de
» prise de corps, ou un décret d'accusation, ou un jugement.

Art. 79. « Tout gardien ou geolier est tenu, sans qu'aucun
» ordre puisse l'en dispenser, de représenter la personne détenue à
» l'officier civil ayant la police de la maison de détention, toutes les
» fois qu'il en sera requis par cet officier.

dividu est détenu dans un lieu qui n'a pas été destiné à servir de maison d'arrêt, de justice, ou de prison, est tenu d'en donner avis au juge de paix, au procureur impérial ou à son substitut, ou au juge d'instruction, ou au procureur général près la cour impériale.

616. Tout juge de paix, tout officier chargé du ministère public, tout juge d'instruction, est tenu d'office, ou sur l'avis qu'il en aura reçu, sous peine d'être poursuivi comme complice de détention arbitraire, de s'y transporter aussitôt, et de faire mettre en liberté la personne détenue, ou, s'il est allégué quelque cause légale de détention, de la faire conduire sur-le-champ devant le magistrat compétent.

Il dressera du tout son procès-verbal.

617. Il rendra, au besoin, une ordonnance, dans la forme prescrite par l'article 95 du présent Code.

En cas de résistance, il pourra se faire assister de la force nécessaire ; et toute personne requise est tenue de prêter main-forte.

Art. 80. « La représentation de la personne détenue ne pourra » être refusée à ses parens et amis porteurs de l'ordre de l'officier » civil, lequel sera toujours tenu de l'accorder, à moins que le gar- » dien ou le geolier ne représente une ordonnance du juge pour » tenir la personne au secret.

Art. 81. « Tous ceux qui, n'ayant point reçu de la loi le pou- » voir de faire arrêter, donneront, signeront, exécuteront l'arresta- » tion d'une personne quelconque ; tous ceux qui, même dans le cas » de l'arrestation autorisée par la loi, recevront ou retiendront la » personne arrêtée, dans un lieu de détention non publiquement et » légalement désigné comme tel, et tous les gardiens ou geoliers qui » contreviendront aux dispositions des trois articles précédens, seront » coupables du crime de détention arbitraire.

Art. 82. « Toutes rigueurs employées dans les arrestations, dé- » tentions ou exécutions, 'autres que celles autorisées par les lois, » sont des crimes. »

618. Tout gardien qui aura refusé, ou de montrer au porteur de l'ordre de l'officier civil ayant la police de la maison d'arrêt, de justice, ou de la prison, la personne du détenu, sur la réquisition qui en sera faite, ou de montrer l'ordre qui le lui défend, ou de faire au juge de paix l'exhibition de ses registres, ou de lui laisser prendre telle copie que celui-ci croira nécessaire de partie de ses registres, sera poursuivi comme coupable ou complice de détention arbitraire.

CHAPITRE IV.

De la Réhabilitation des condamnés.

619. Tout condamné à une peine afflictive ou infamante qui aura subi sa peine, pourra être réhabilité.

La demande en réhabilitation ne pourra être formée, par les condamnés aux travaux forcés à temps ou à la reclusion, que cinq ans après l'expiration de leur peine ; et par les condamnés à la peine du carcan, que cinq ans à compter du jour de l'exécution de l'arrêt.

620. Nul ne sera admis à demander sa réhabilitation, s'il ne demeure depuis cinq ans dans le même arrondissement communal, s'il n'est pas domicilié depuis deux ans accomplis dans le territoire de la municipalité à laquelle sa demande est adressée, et s'il ne joint à sa demande des attestations de bonne conduite qui lui auront été données par les conseils municipaux et par les municipalités dans le territoire desquelles il aura demeuré ou résidé pendant le temps qui aura précédé sa demande.

Ces attestations de bonne conduite ne pourront lui être délivrées qu'à l'instant où il quitterait son domicile ou son habitation.

Les attestations exigées ci-dessus devront être approuvées par le sous-préfet et le procureur impérial ou son substitut, et par les juges de paix des lieux où il aura demeuré ou résidé.

621. La demande en réhabilitation, les attestations exigées par l'article précédent, et l'expédition du jugement de condamnation, seront déposées au greffe de la cour impériale dans le ressort de laquelle résidera le condamné.

622. La requête et les pièces seront communiquées au procureur général impérial: il donnera des conclusions motivées et par écrit.

623. L'affaire sera rapportée à la chambre criminelle.

624. La cour et le ministère public pourront, en tout état de cause, ordonner de nouvelles informations.

625. La notice de la demande en réhabilitation sera insérée au journal judiciaire du lieu où siége la cour qui devra donner son avis, et du lieu où la condamnation aura été prononcée.

626. La cour, le procureur général impérial entendu, donnera son avis.

627. Cet avis ne pourra être donné que trois mois au moins après la présentation de la demande en réhabilitation.

628. Si la cour est d'avis que la demande en réhabilitation ne peut être admise, le condamné pourra se pourvoir de nouveau après un nouvel intervalle de cinq ans.

629. Si la cour pense que la demande en réhabilitation peut être admise, son avis, ensemble les pièces exigées par l'article 620, seront, par le procureur général impérial, et dans le plus bref délai, transmis au grand-juge ministre de la justice, qui pourra consulter le tribunal qui aura prononcé la condamnation.

630. Il en sera fait rapport à sa Majesté par le grand-juge, dans un conseil privé, formé aux termes de l'art. 86 de l'acte des constitutions de l'Empire, du 16 thermidor an X.

631. Si la réhabilitation est prononcée, il en sera expédié des lettres où l'avis de la cour sera inséré.

632. Les lettres de réhabilitation seront adressées à la cour qui aura délibéré l'avis : il en sera envoyé copie authentique à la cour qui aura prononcé la condamnation ; et transcription des lettres sera faite en marge de la minute de l'arrêt de condamnation.

633. La réhabilitation fera cesser, pour l'avenir, dans la personne du condamné, toutes les incapacités qui résultaient de la condamnation.

634. Le condamné pour récidive ne sera jamais admis à la réhabilitation.

CHAPITRE V.

De la Prescription.

635. Les peines portées par les arrêts ou jugemens rendus en matiére criminelle, se prescriront par vingt années révolues, à compter de la date des arrêts ou jugemens.

Néanmoins le condamné ne pourra résider dans le département où demeureraient, soit celui sur lequel ou contre la propriété duquel le crime aurait été commis, soit ses héritiers directs.

Le Gouvernement pourra assigner au condamné le lieu de son domicile.

636. Les peines portées par les arrêts ou jugemens rendus en matière correctionnelle, se prescriront par cinq années révolues, à compter de la date de l'arrêt ou jugement rendu en dernier ressort ; et à l'égard des peines prononcées par les tribunaux de première instance, à compter du jour où ils ne pourront plus être attaqués par la voie de l'appel.

637. L'action publique et l'action civile résultant d'un crime de nature à entraîner la peine de mort ou des peines afflictives perpétuelles, ou de tout autre crime emportant peine afflictive ou infamante, se prescriront après dix années révolues, à compter du jour où le crime aura

été commis, si dans cet intervalle il n'a été fait aucun acte d'instruction ni de poursuite.

S'il a été fait, dans cet intervalle, des actes d'instruction ou de poursuite non suivis de jugement, l'action publique et l'action civile ne se prescriront qu'après dix années révolues, à compter du dernier acte, à l'égard même des personnes qui ne seraient pas impliquées dans cet acte d'instruction ou de poursuite.

638. Dans les deux cas exprimés en l'article précédent, et suivant les distinctions d'époques qui y sont établies, la durée de la prescription sera réduite à trois années révolues, s'il s'agit d'un délit de nature à être puni correctionnellement.

639. Les peines portées par les jugemens rendus pour contraventions de police seront prescrites après deux années révolues, savoir, pour les peines prononcées par arrêt ou jugement en dernier ressort, à compter du jour de l'arrêt; et à l'égard des peines prononcées par les tribunaux de première instance, à compter du jour où ils ne pourront plus être attaqués par la voie de l'appel.

640. L'action publique et l'action civile pour une contravention de police, seront prescrites après une année révolue, à compter du jour où elle aura été commise, même lorsqu'il y aura eu procès-verbal, saisie, instruction ou poursuite, si dans cet intervalle il n'est point intervenu de condamnation; s'il y a eu un jugement définitif de première instance, de nature à être attaqué par la voie de l'appel, l'action publique et l'action civile se prescriront après une année révolue, à compter de la notification de l'appel qui en aura été interjeté.

641. En aucun cas, les condamnés par défaut ou par contumace, dont la peine est prescrite, ne pourront être admis à se présenter pour purger le défaut ou la contumace.

642. Les condamnations civiles portées par les arrêts ou par les jugemens rendus en matière criminelle, correc-

tionnelle ou de police, et devenus irrévocables, se prescriront d'après les règles établies par le Code Napoléon.

643. Les dispositions du présent chapitre ne dérogent point aux lois particulières relatives à la prescription des actions résultant de certains délits ou de certaines contraventions.

TABLE

DU

CODE D'INSTRUCTION

CRIMINELLE.

LIVRE II.

DE LA JUSTICE.

TABLE ALPHABÉTIQUE
DES MATIÈRES
CONTENUES DANS LE CODE
D'INSTRUCTION CRIMINELLE.

A.

Absence. **Voyez** *Remplacement.*

Absolution. Cas dans lequel la cour d'assises doit prononcer l'absolution de l'accusé, 364. — Seul cas qui donne à la partie civile le droit de poursuivre l'annullation d'un arrêt d'absolution, 412. **Voyez** *Dommages-intérêts, Restitution.*

Accusation. Lorsque la cour impériale trouve qu'il y a contre le prévenu d'un crime, des charges suffisantes pour motiver la mise en accusation, elle ordonne son renvoi aux assises ou à la cour spéciale, 23 . — Ce que doit exposer l'acte d'accusation rédigé par le procureur général contre un prévenu renvoyé à la cour d'assises ou à la cour spéciale, 241. — Signification de l'acte d'accusation à l'accusé, 242. — Procédure à tenir devant la cour d'assises lorsque l'accusation a été prononcée, 291. — Jonction de plusieurs actes d'accusation sur un même délit, 307. — Ce qui peut être requis et ordonné lorsque l'acte d'accusation contient plusieurs délits non connexes, 308. — Lecture de l'acte d'accusation devant l'accusé traduit à la cour d'assises, 313. — Résumé de l'accusation par le président, et exposition du sujet par le procureur général, qui présente ensuite la liste des témoins à entendre, 315. — Comment il est procédé à la mise en accusation d'un témoin arrêté pour déclaration fausse, 330. — Manière de poser les questions résultant de l'acte d'accusation, 337 *et suiv.* — Toute personne acquittée légalement ne peut plus être reprise ni accusée à raison du même fait, 360. — Manière dont la section de la cour de cassation qui est saisie de l'instruction d'un procès en forfaiture contre des magistrats, doit délibérer sur la mise en accusation, 499. — L'arrêt qui la prononce, doit ordonner la prise de corps, 500. **Voyez** *Accusés, Liberté.*

Action. Fonctionnaires auxquels appartient l'action publique pour l'application des peines, 1. — Par qui peut être exercée l'action civile en réparation du dommage causé par un crime, un délit ou une contravention, *ibid.* — Comment s'éteignent ces deux sortes d'actions, 2. — Deux manières de poursuivre l'action civile, 3. — La renonciation à cette action ne peut suspendre l'exercice de l'action publique, 4. — Règles sur la prescription des actions publiques ou civiles résultant d'un crime emportant peine afflictive ou infamante, 637, — et d'une contravention de police, 640. Voyez *Crimes.*

Adjoints de maire. Voyez *Maires, Ministère public, Surveillance.*

Administration forestière. C'est devant les tribunaux de première instance que les délits forestiers sont poursuivis à sa requête, 179. — Elle a la faculté d'appeler des jugemens rendus par les tribunaux correctionnels, 202. Voyez *Affirmation, Conservateur des forêts, Délits forestiers.*

Affaires criminelles. Les assises ne sont closes qu'après qu'on y a porté toutes les affaires en état lors de leur ouverture, 260. Voyez *Notice.*

Affiches. Les juges de paix connaissent exclusivement des affiches et annonces d'ouvrages, écrits ou gravures contraires aux mœurs, 139.

Affirmation. L'officier forestier devant lequel un procès-verbal a été affirmé, doit, dans la huitaine, en donner avis au procureur impérial, 18.

Age. Le président de la cour d'assises demande à l'accusé quel est son âge, 310. — Questions qui se proposent aux jurés quand l'accusé a moins de seize ans, 340. Voyez *Juges-auditeurs, Témoins.*

Alliance. Voyez *Parenté.*

Ambassadeurs. Voyez *Témoins.*

Amende. Celle que le greffier encourt pour omission de formalités relatives aux informations, 74 à 77. — Amende encourue pour défaut de comparution par les personnes citées en témoignage, 80 et 355. — Amende contre le greffier pour l'inobservation des formalités relatives aux diverses sortes de mandats, 112. — Amende contre le témoin qui ne satisfait pas à la citation du tribunal de police, 157. — Cas dans lequel il peut en être déchargé, 158. — La minute du jugement doit être signée dans les vingt-quatre heures, à peine d'amende contre le greffier, 164 — Les délits dont la peine excède quinze francs d'amende, sont de la compétence des tribunaux correctionnels, 179. — Le greffier du tribunal correctionnel doit, sous peine d'amende, insérer dans les jugemens le texte de la loi appliquée, 195. — Par qui et au nom de quel magistrat doivent être faites les pour-

que l'avertissement du maire doit contenir, 169. — Les citations
aux témoins peuvent aussi être faites par un avertissement du
maire, 170. — Avertissement à donner par le procureur général
aux officiers de police judiciaire, et aux juges d'instruction, en
cas de négligence, 280. — Avertissement qui doit être donné à
l'accusé par le président de la cour d'assises, ou par le juge délégué, de déclarer s'il veut former une demande en nullité de procédure, 296. — Procès-verbal destiné à constater cet avertissement, ibid. — Si l'accusé n'a pas été averti, ses droits sont conservés malgré l'expiration du délai pour faire sa déclaration, 297.
— Avertissement que le président de la cour d'assises donne au
conseil de l'accusé, 311, — et aux jurés, 341. — Voyez *Citation*, *Registre*, *Résidence*.

Avis. En cas d'égalité de voix dans la décision du jury, l'avis
favorable à l'accusé prévaut, 347. — Ce qui a lieu lorsque l'avis
de la minorité des jurés est adopté par la majorité des juges,
351. Voyez *Réhabilitation*.

Avocat. Voyez *Avoué*.

Avocat à la cour de cassation. Son ministère est nécessaire à la
partie civile pour la présentation d'une requête en cassation,
424.

Avoué. Affaires correctionnelles dans lesquelles le prévenu peut se
faire représenter par un avoué, 185. — C'est parmi les avocats
et avoués de la cour impériale ou de son ressort, que doivent
être choisis ou désignés les conseils des accusés, 295. — L'avoué
de la partie condamnée peut faire la déclaration de recours en
cassation, 417. — Aucun avoué ne peut se présenter pour défendre l'accusé contumax, 468.

B

Bannissement. De quelle manière on procède à la reconnaissance
d'individus condamnés au bannissement, et qui sont repris après
avoir enfreint leur ban, 518 à 520.

Bâtiment. Formalités à observer par les gardes champêtres et forestiers, pour pouvoir s'introduire dans les bâtimens et enclos, 16.

Billets de banque. Poursuites des contrefacteurs, 5 et 6. Voyez
Visites domiciliaires.

C

Cadavre. Voyez *Officiers de santé*.

Calomnie. Les dénonciateurs peuvent être poursuivis pour fait de
calomnie par l'accusé acquitté, 358. — Les membres des auto-

suivant les cas, 119. — Où la caution admise doit faire sa soumission, 120. — On remet à la partie civile une expédition en forme exécutoire de cette soumission, qui entraine la contrainte par corps, *ibid.* — A quel paiement les objets servant de cautionnement sont affectés par privilége ; 121. — Ordonnance pour le paiement de la somme cautionnée, 122 — A la requête et à la diligence de qui ce paiement est poursuivi, *ibid.* — Dans quelle caisse sont versées les sommes recouvrées, *ibid.* — Ordonnance de contrainte contre la caution d'un individu mis sous la surveillance du Gouvernement, 123. — Saisie du prévenu, sans préjudice aux poursuites contre la caution ; et son écrou dans la maison d'arrêt ; 125. — Le prévenu qui a laissé contraindre sa caution, ne peut plus demander sa liberté provisoire, 126. — Quand un prévenu a été admis à la liberté sous caution, l'arrêt qui le renvoie à la cour d'assises ou au tribunal de police correctionnelle, ne porte que l'injonction de se représenter, 239.

Cédule. Celle par laquelle le juge de paix peut, dans les cas urgens, abréger les délais des citations, 146.

Célérité. Le juge de paix peut, avant l'audience du tribunal de police, faire et ordonner tous actes requérant célérité, 148.

Chambre du conseil. Sur le compte à elle rendu par le juge d'instruction, cette chambre déclare s'il y a lieu ou non à poursuivre l'inculpé, et prend une mesure relative aux circonstances, 127 *et suiv.* — Réunion des sections de la cour impériale à la chambre du conseil, pour entendre les rapports du procureur général, 218. — La partie civile, le prévenu et les témoins n'y paraissent point, 223. — Citation des officiers de police judiciaire à la chambre du conseil de la cour impériale, en cas de récidive dans leur négligence, 281. — Les juges peuvent se retirer dans cette chambre pour délibérer, 369. — La cour spéciale s'y retire aussi pour le même objet, 580. — Procès verbal qu'elle y dresse, lorsqu'elle veut recommander l'accusé à la commisération de l'Empereur, 595. Voyez *Liberté.*

Chambre des jurés. En quel instant les jurés se rendent dans leur chambre pour y délibérer, 342. — Police de cette chambre, 343.

Chambre des témoins. Ils n'en sortent que pour déposer, 316.

Charges. Ce qu'on entend par nouvelles charges, 247. — Comment on doit procéder lorsqu'il en est survenu, 248. Voyez *Accusation.*

Circonstances. Questions auxquelles donnent lieu les circonstances aggravantes résultant du débat, 338.

Citation. Devant quel tribunal doivent être citées les personnes prévenues ou civilement responsables de délits forestiers, 19. — A la requête de qui sont faites les citations pour contravention de police, et par qui elles sont notifiées, 145. — Délai pour les

ment par défaut, si le prévenu ne comparait pas, 186. Voyez *Jugemens.*

Compétence. Dispositions concernant la compétence des procureurs impériaux en matière de police judiciaire, 22 *et suiv.* — Compétence des officiers de police auxiliaires du procureur impérial, 48 *et suiv.* — Cas dans lesquels ces officiers peuvent être chargés par le procureur impérial des actes de la compétence de celui-ci, 52. — Tribunaux de police, 137, 138. — Compétence des juges de paix comme juges de police, 139 et 140; — des maires en la même qualité, 166, 172. — Compétence des tribunaux correctionnels, 179. — Compétence de la cour spéciale, 553 *et suiv.* Voyez sous les mots *Cour d'assises, Cour de cassation, Cour impériale, Tribunal de police, Tribunal de première instance,* quelles sont les matières de leur compétence respective.

Complices. Lorsque, pendant les débats qui ont précédé l'arrêt de condamnation, il s'est manifesté des crimes à l'égard desquels l'accusé a des complices en état d'arrestation, la cour ordonne qu'il soit poursuivi à raison de ces nouveaux faits, 379. Voyez *Cours d'assises, Surséance.*

Compte. Celui que le procureur impérial criminel doit rendre au procureur général impérial, sur l'état de la justice du département, 290.

Conclusions. Circonstances dans lesquelles le procureur impérial doit en donner, 80, 81, 122. — Conclusions de la partie civile et du ministère public au tribunal de police, 153. — Celles du ministère public pour la décharge de l'amende prononcée contre un témoin, 158. — Conclusions du procureur impérial après le résumé de l'affaire au tribunal correctionnel, 190.

Concurrence. Actes que les procureurs impériaux sont autorisés à faire dans le cas de concurrence avec les officiers de police auxiliaires, 51. Voyez *Commissaires de police, Maires.*

Condamnation. L'arrêt portant condamnation doit statuer sur les dommages-intérêts, 366. — Comment il doit être procédé lorsque deux individus différens ont été condamnés par deux arrêts comme auteurs du même crime, 443. — Règles d'après lesquelles se prescrivent les condamnations civiles portées par les arrêts ou par les jugemens rendus en matière criminelle, correctionnelle et de police, 642. Voyez *Exécution, Jugemens, Pourvoi en cassation, Restitution.*

Condamnés. Les crimes commis par des condamnés à des peines afflictives ou infamantes, sont de la compétence des cours spéciales, 553. Voyez *Contumace, Identité, Registre, Réhabilitation.*

Confiscation. Les poursuites pour le recouvrement des amendes et confiscations, sont faites au nom du procureur impérial par le directeur de la régie de l'enregistrement, 197.

D

Défenseur. Voyez *Avoué, Partie civile.*

Délai. Celui qui doit être donné, à peine de nullité, pour citation au tribunal de police, 146. — Cas où le délai peut être abrégé, *ibid.* — Délai exigé, à raison des distances, entre la citation et le jugement, 184. — Délai pour la remise des pièces servant à conviction, au greffe du tribunal de première instance désigné par la cour impériale pour le jugement du procès, 291. — Délai pour l'envoi de l'accusé à la maison de justice du lieu où doivent se tenir les assises, 292. — Autre pour l'interrogatoire, 293. — Délai après lequel l'accusé ne serait plus recevable à former une demande en nullité de procédure, 296. — Même délai pour la déclaration du procureur général, 298 — Requête à présenter au président de la cour d'assises par le procureur général ou par l'accusé, lorsqu'ils ont des motifs pour empêcher que l'affaire ne soit portée à la première assemblée du jury, 306. — Décision à prendre à cet égard par le président, *ibid.* — Délai pour la notification des déclarations de recours en cassation, 418.

Délégation. Un membre de la cour impériale, délégué à cet effet, préside la cour d'assises, 260. — Faculté accordée au procureur général de la cour impériale, de déléguer ses fonctions à l'un de ses substituts, 265. — Fonctions qui peuvent être déléguées par le président de la cour d'assises, 266. — Objets pour lesquels les procureurs impériaux et les présidens peuvent déléguer leurs fonctions aux magistrats d'un arrondissement voisin du lieu du délit, 283. — Juges d'instruction auxquels il ne peut être fait de délégation pour compléter l'instruction des affaires renvoyées par la cour de cassation, 431. — Magistrats auxquels doivent être déléguées les fonctions de juges-instructeurs et d'officiers du ministère public, pour une instruction relative à des crimes ou délits commis par des juges et des tribunaux, 484, 468 *et suiv.* — Fonctions que le président de la cour spéciale peut déléguer, 563.

Délibération. Celle des juges de la cour impériale réunis à la chambre du conseil, pour l'audition du rapport et l'examen des pièces d'un procès, 225. — Dispositions relatives aux délibérations des jurés, 342 *et suiv.* — Cas dans lequel les juges délibèrent entre eux sur le même point que les jurés, 351. — Manière dont les juges de la cour d'assises doivent délibérer, 369. — Dans les cas où la cour de cassation est autorisée à choisir une cour ou un tribunal pour le jugement d'une affaire renvoyée, il faut une délibération spéciale, 430.

Délits. Cas dans lequel un individu surpris en flagrant délit, ou dénoncé par la clameur publique, peut être arrêté et conduit devant le juge de paix, 16. — Lorsque le délit emporte une peine correctionnelle ou plus grave, le tribunal de police renvoie les parties devant le procureur impérial, 160. — Quand il ne

Dépens. La partie qui succombe au tribunal de police ou au tribunal correctionnel, doit être condamnée aux frais, même envers la partie publique, 162 et 194. — Les dépens sont liquidés par le jugement, *ibid.* — L'accusé ou la partie civile qui succombe devant la cour d'assises, est condamné aux frais envers l'État et envers l'autre partie, 368. Voyez *Frais.*

Déportation. Voyez *Identité.*

Dépositaires. Les dépositaires publics ou particuliers sont tenus de remettre les pièces arguées de faux, 449 à 452. — L'ordonnance et l'acte de dépôt leur servent de décharge, *ibid.* — Il en est de même des pièces de comparaison, 454. — S'il est nécessaire de déplacer une pièce authentique, on en laisse au dépositaire une copie collationnée, 455. — Ce qui a lieu lorsque la pièce se trouve faire partie d'un registre, *ibid.* — Tout officier ou tout individu dépositaire d'une expédition ou d'une copie authentique de l'arrêt rendu dans une affaire dont les pièces ont été détruites ou enlevées, peut être contraint par corps de la remettre au greffe de la cour qui a rendu l'arrêt, 622.

Dépositions. Voyez *Témoins.*

Dépôt de la notice des Jugemens. Voyez *Notice.*

Désistement. Voyez *Plainte.*

Détention arbitraire. Moyen d'assurer la liberté individuelle contre les détentions illégales, 615 *et suiv.* Voyez *Gardien.*

Directeur des domaines. L'ordonnance rendue contre un accusé contumax doit être adressée au directeur des domaines de son domicile, 466. — On lui envoie aussi un extrait du jugement de condamnation, 472. Voyez *Confiscation, Enregistrement.*

Dispense. Personnes qui peuvent être dispensées de remplir les fonctions de jurés, 385.

Distribution. Voyez *Vente.*

Divination. Les juges de paix connaissent exclusivement de l'action contre les gens qui font métier de deviner et pronostiquer, ou d'expliquer les songes, 139.

Domesticité. Le juge d'instruction doit demander aux témoins s'ils ne sont pas domestiques des parties, 75. Voyez *Service.*

Domicile. Celui que la partie civile est obligée d'élire, 68. — Par quel acte se fait cette élection, *ibid* et 183. — Lieu dans lequel il doit être élu domicile pour former opposition à un arrêt en règlement de juges, 535. Voyez *Liberté, Mandat de comparution, Transport.*

Dommages. Le juge de paix peut, avant l'audience du tribunal de police, faire estimer les dommages pour raison desquels il y a citation, 148.

E

Force publique. Les officiers de police judiciaire peuvent la requérir directement, dans l'exercice de leurs fonctions, 25. — Elle est tenue de marcher pour l'exécution d'un mandat d'amener, sur la réquisition qui y est contenue, 99. — Cas dans lequel tout dépositaire de la force publique est tenu de saisir le prévenu surpris en flagrant délit ou poursuivi par la clameur publique, 106. — L'assistance de la force publique peut être requise pour l'exécution des arrêts de condamnation, 376.

Forfaiture. Comment il est procédé contre des juges et des tribunaux accusés de forfaiture ou d'autres crimes et délits relatifs à leurs fonctions, 484 *et suiv.*

Formalités. Celles que le Code prescrit à peine d'amende, d'injonction ou de prise à partie, 77 à 112. — Lorsqu'il y a eu violation ou omission de quelques-unes des formalités prescrites par le Code, sous peine de nullité, la partie condamnée ou le ministère public peut demander l'annullation de l'arrêt de condamnation et de ce qui l'a précédé, 408. — Nul ne peut se prévaloir, en matière correctionnelle et de police, de la violation ou omission des formes prescrites pour assurer la défense du prévenu, lorsque le renvoi de celui-ci a été prononcé, 413.

Frais. La partie qui succombe au tribunal de police est condamnée aux frais, même envers la partie publique, 162. — Les frais de l'expédition, de la signification du jugement par défaut et de l'opposition, sont à la charge du prévenu, 187. — Le jugement de condamnation du tribunal correctionnel doit condamner aux frais, même envers la partie publique, et les liquider, 194. — Frais auxquels les officiers de police judiciaire et les juges d'instruction peuvent, en cas de récidive, être condamnés par la cour impériale, 281. — Frais au paiement desquels le témoin non comparant peut être contraint même par corps, 355. — L'accusé ou la partie civile qui succombe, est condamné aux frais envers l'État et envers l'autre partie, 368. — Pareille condamnation contre la partie civile, les administrations ou régies de l'État et les agens publics, lorsque leur demande en cassation n'est point admise, 436. — Le contumax renvoyé de l'accusation, après s'être représenté, est toujours condamné aux frais causés par sa contumace, 478. Voyez *Annullation, Dépens, Privilége, Trésor public.*

Français. Voyez *Crimes.*

G

Gardes champêtres et forestiers. Ils sont officiers de police judiciaire, 9. — Leurs attributions à ce titre, 16. — Opérations pour lesquelles est exigée la présence du juge de paix, de son suppléant, du commissaire de police, du maire ou de l'adjoint,

judiciaires, arrêts ou jugemens contraires à la loi, 441. — Pareil ordre pour la dénonciation de deux arrêts qui auraient condamné deux individus différens comme auteurs du même crime, 443. — Il fait suspendre l'exécution d'une condamnation pour homicide jusqu'après la révision, lorsqu'on a des raisons de présumer l'éxistence de la personne prétendue homicidée, 444. — Lorsqu'après une condamnation contre un accusé, les témoins qui l'avaient chargé, ont été condamnés, ce fait est dénoncé à la cour de cassation par ordre du grand-juge, 445. — Ce magistrat transmet à la même cour les dénonciations ou plaintes à lui adressées contre des membres d'une cour impériale, 482. — Ordre qu'il doit donner au procureur général près de cette cour, pour la poursuite des crimes imputés à un tribunal entier de commerce, correctionnel ou de première instance, 486. — Il faut un décret spécial pour qu'il puisse être entendu comme témoin, 510. — Rapport du grand-juge, qui doit motiver les décrets spéciaux de cette nature, *ibid.* — Lorsqu'on a besoin du témoignage d'un agent résidant près d'un gouvernement étranger, on dresse un état des faits, demandes et questions, que le grand-juge envoie sur les lieux, en désignant une personne pour recevoir la déposition, 514. — Les arrêts qui statuent sur les demandes en règlement de juges, sont, par l'intermédiaire du grand-juge, notifiés à l'officier chargé du ministère public près la cour, le tribunal ou le magistrat dessaisi, 532. — Cas dans lesquels les officiers chargés du ministère public sont tenus d'adresser leurs demandes en renvoi au grand-juge, qui les transmet, s'il y a lieu, avec les pièces à l'appui, à la cour de cassation, 544. — Transmission à faire, par l'intermédiaire du même magistra', des arrêts définitifs sur demandes en renvoi, 548. — Le grand-juge transmet à la cour de cassation les expéditions à lui adressées des arrêts de renvoi à la cour spéciale, 561. — Registre qu'il doit faire tenir des individus condamnés à un emprisonnement correctionnel ou à une plus forte peine, 601 et 602. — Rapport qu'il doit faire à l'Empereur sur les avis de cours impériales favorables aux demandes en réhabilitation, 630. Voyez *Dépositions, Témoins.*

Grands dignitaires. Voyez *Dépositions, Témoins.*

Grands-officiers de l'Empire. Voyez *Témoins.*

Gravures. Voyez *Affiches, Vente.*

Greffier de cour d'assises. Quelle personne en exerce les fonctions, 252 et 253. — Ce greffier rédige et signe le procès-verbal qui constate l'interpellation faite à l'accusé sur le choix d'un conseil et sur l'intention que ce dernier pourrait avoir de former une demande en nullité contre l'arrêt qui l'a renvoyé à la cour d'assises, 296. — Il reçoit la déclaration de l'accusé, 300. — Il lit à haute voix, devant l'accusé, l'arrêt de renvoi à la cour d'assises, et la liste des témoins, 313 et 315. — Il tient note des

II

I

290. — Comment on y procède, *ibid.* — Ce qui a lieu lorsque le fait n'est réputé ni délit ni contravention de police, 191. — Comment le tribunal statue lorsque le fait n'est qu'une contravention de police et que le renvoi n'a pas été demandé, 198. — Manière de procéder à une nouvelle instruction, lorsqu'il survient de nouvelles charges contre un accusé, 248 — Quand la cour impériale ne défère pas à la réquisition du procureur général, l'instruction ni le jugement ne sont arrêtés ni suspendus, 278. — Malgré la demande en nullité de l'arrêt de renvoi à la cour d'assises, l'instruction y est continuée jusqu'au débat exclusivement, 301. — Les pièces du procès peuvent être communiquées au conseil de l'accusé, sans déplacement et sans retarder l'instruction, 302. — Comment il est procédé sur une coutumace, selon que l'instruction est ou n'est pas régulière, 470. — La coutumace d'un accusé ne peut, en aucun cas, suspendre ni retarder de plein droit l'instruction à l'égard de ses coaccusés présens, 474 — Lorsque les pièces qui ont servi à l'instruction d'un procès ont été enlevées ou détruites, ou que la déclaration du jury ne peut plus être représentée, on recommence l'instruction, 524. Voyez *Annullation, Juges d'instruction, Peines.*

Interlignes. On n'en peut point faire dans les informations, 78.

Interpellations. Celles que le procureur impérial doit faire au prévenu sur les objets saisis, comme pouvant servir à constater un délit, 35. — Interpellations à faire aux témoins par le juge d'instruction, 75. — Celle qui doit être faite à l'accusé, relativement au choix d'un conseil, 294. — Interpellations à faire aux témoins par le président de la cour d'assises, 317 *et suiv.*

Interprète. Le président nomme un interprète, lorsque des témoins ne parlent pas la même langue ou le même idiome, 332. — Age que cet interprète doit avoir, et serment qu'il est tenu de prêter, *ibid.* — L'accusé et le procureur général peuvent le récuser, *ibid.* — Il ne peut être pris parmi les témoins, les juges et les jurés, *ibid.* — Interprète qui doit être choisi, lorsque l'accusé ou le témoin est sourd-muet et ne sait pas écrire, 333. Voyez *Nullité.*

Interrogatoire. Le procureur impérial interroge sur-le-champ le prévenu amené devant lui, 48 — Interrogatoire à faire subir au prévenu par le juge d'instruction du lieu où il a été trouvé, 103. — Le prévenu d'un délit correctionnel est interrogé à l'audience du tribunal de première instance, 190.

J

Jonction. Par qui peut être requise et ordonnée la jonction de plusieurs actes d'accusation contre différens accusés d'un même délit, 307.

Journaux. Voyez *Réhabilitation.*

L

considérée comme non avenue, 390. — Fixation du jour auquel
la liste des jurés doit être notifiée à chaque accusé, 394. Voyez
Jurés.

Loi. Les jugemens définitifs de condamnation rendus par les tribunaux de police, doivent contenir les termes de la loi appliquée, 163. — Il en est de même des jugemens de condamnation
rendus au tribunal correctionnel, à l'audience duquel on lit préalablement le texte de la loi, 195 ; — et des jugemens des cours
d'assises et spéciales, 369 et 592. — Réquisition pour l'application de la loi contre l'accusé déclaré coupable, 362. — Dans
quel cas il y a lieu à interprétation de la loi, 440. — Les actes
judiciaires, arrêts ou jugemens contraires à la loi, peuvent, sur
la dénonciation ordonnée par le grand-juge, être annullés par la
cour de cassation, 441.

M

Main-forte. Cas dans lesquels le maire ou l'adjoint de maire du
lieu ne peut la refuser aux gardes champêtres et forestiers, 16.
— Toute personne requise est tenue de prêter main-forte pour
l'exécution d'une ordonnance relative à la mise en liberté d'un
individu détenu arbitrairement, 617.

Maires. Contraventions de police qu'eux ou leurs adjoints doivent
rechercher, 11. — Rapports à recevoir, et procès-verbaux à rédiger, *ibid.* — Concurrence et prévention des maires vis-à-vis
des gardes forestiers et champêtres, *ibid.* — Remplacement du
commissaire de police par le maire en cas d'empêchement, 14.
— Remise des pièces et renseignemens par le maire ou son adjoint à l'officier remplissant le ministère public près le tribunal
de police, 15. — Cas dans lesquels le maire ou l'adjoint doit
assister les gardes champêtres et forestiers pour leur prêter main-
forte, *ibid.* — Contraventions dont les procès-verbaux doivent
être remis au maire, et sur lesquels il doit être par lui procédé,
20 et 21. — Son assistance aux procès-verbaux que rédige le
procureur impérial en cas de flagrant délit, 42. — Fonctions qui
sont communes aux maires et aux autres officiers de police judiciaire, 49 *et suiv.* — Compétence et juridiction des maires comme
juges de police, 137, 138 et 166. — Contraventions dont ils ne
peuvent connaître, *ibid.* — Par qui le ministère public est exercé
auprès du maire, 167. — Exercice des fonctions de greffier,
168. — Audience publique, 171. — Instruction et jugement des
affaires, *ibid.* — Extrait des jugemens de police qui ont prononcé l'emprisonnement, à fournir chaque trimestre au procureur
impérial, 178. — Maires auxquels il doit être donné avis du
renvoi d'un accusé à la cour d'assises ou à la cour impériale,
245. — Lorsque la liste des jurés n'est pas notifiée à la personne,
elle l'est à son domicile, et à celui du maire ou de l'adjoint du

Monnaie nationale. Poursuite des contrefacteurs, 5 et 6.

Municipalités. Voyez *Conseils municipaux, Maires.*

N

Naissance. Voyez *Accusés.*

Note. Le président de la cour d'assises doit faire tenir par le greffier une note des changemens, additions et variations dans les dépositions des témoins, 318. — Pendant l'examen, les jurés, le procureur général et les juges peuvent prendre note de ce qui leur paraît important dans la déposition des témoins ou dans la défense de l'accusé, 328.

Notice. Celle des affaires criminelles, correctionnelles et de police, que le procureur impérial doit envoyer au procureur général, 249. — Ordonnance que le procureur général peut rendre en conséquence pour l'apport des pièces, 250. — Dépôt général de la notice des jugemens, 600. Voyez *Journaux.*

Notification. Par qui doivent être notifiées les diverses sortes de mandats, 97. — Dispositions relatives aux notifications des listes de jurés, 389, 394 *et suiv.* — Les déclarations de recours en cassation doivent être notifiées à la partie contre laquelle le recours est dirigé, 418. — Cas dans lesquels la déclaration doit être lue à la partie par le greffier, ou notifiée par le ministère d'un huissier, *ibid.* Voyez *Liste, Visa.*

Nullité. Délais à observer pour les citations, à peine de nullité, 146. — Cette nullité doit être proposée avant toute exception et défense, *ibid.* — Publicité de l'instruction des affaires criminelles devant les tribunaux correctionnels, de police, et devant les cours impériales, à peine de nullité, 150, 171, 176, 190, 211, 519. — Actes contre et outre lesquels on ne peut faire preuve par témoins sous la même peine, 154, 171, 176, 189, 211. — Serment que les témoins doivent faire devant les mêmes tribunaux, à peine de nullité, *ibid.* — Circonstances dans lesquelles l'audition de personnes non susceptibles d'être appelées ni reçues en témoignage, n'opère pas une nullité, 156, 171, 176, 189, 211. — On doit, à peine de nullité, motiver les jugemens des tribunaux de police, et y insérer les termes de la loi appliquée, 163, 171, 176. — Délai qu'on doit laisser entre la citation au tribunal correctionnel et le jugement de condamnation, à peine de nullité, 184. — Quand cette nullité doit être proposée, *ibid.* — Mention à faire, sous peine de nullité, dans les arrêts de la cour impériale, 234. — Défenses sous la même peine aux membres de la cour impériale et aux juges d'instruction, de siéger à la cour d'assises dans la même affaire, 257. — Cas dans lequel le procureur général et les accusés sont

O.

connaissance, 357, — Ce que le président doit faire lorsque l'accusé acquitté a, dans le cours des débats, été inculpé sur un autre fait, 361. — Interpellations que le président doit faire à l'accusé déclaré coupable, 363. — Exhortation que le président peut faire à l'accusé après la prononciation de l'arrêt, 371. — Avertissement qu'il donne relativement au pourvoi en cassation, *ibid.* — Il doit réduire à 36 la liste des 60 jurés, et la renvoyer au préfet, 387. — Tableau sur lequel il complète la liste des jurés, lorsqu'il y a moins de trente jurés présens, 395. — Il signe et paraphe le registre tenu par le gardien de la maison de justice, 607. — Époque à laquelle il doit visiter les personnes retenues dans la maison de justice, 611. — Ordres qu'il peut donner pour être exécutés dans ces maisons, 613. Voyez *Audience, Contumace, Visites domiciliaires.*

Présidens des cours impériales. Délai dans lequel le président de la section criminelle à la cour impériale, doit faire prononcer cette section sur les mises en accusation, 219. — Il indique le juge devant lequel on doit procéder à une nouvelle instruction dans le cas de nouvelles charges, 248. — Cas dans lesquels le premier président de la cour impériale désigne un magistrat pour remplir les fonctions de juge d'instruction, à raison de crimes ou délits commis par des juges, et circonstances dans lesquelles il les exerce lui-même, 480 et 484. — Il reçoit les dépositions des princes, des grands dignitaires de l'Empire et du grand-juge, 511. Voyez *Cour impériale.*

Présidens des cours spéciales. Visites qu'ils peuvent continuer, hors de leur ressort, chez les personnes soupçonnées de fabrication de faux papiers ou de fausse monnaie, et de contrefaçon du sceau de l'État, 464. — Leurs fonctions, 563 et 564. Voyez *Contumace, Cour spéciale.*

Présidens des tribunaux de première instance. Ils lisent à l'audience le texte de la loi à appliquer, 195 — Cas dans lequel ils peuvent être appelés à présider la cour d'assises, 263. — En l'absence des présidens de cours d'assises, ils signent et paraphent les registres tenus par les gardiens des maisons de justice, 607. Voyez *Audience, Contumace, Délégation.*

Présomption. Voyez *Mandat d'amener.*

Preuve. Comment sont prouvées les contraventions en matière de police, 154. — Actes contre lesquels la preuve par témoins n'est pas admissible, *ibid.* — Comment se fait la preuve des délits correctionnels, 189. — Réunion des juges de la cour impériale, à l'effet d'examiner si les preuves ou indices sont assez graves pour la mise en accusation du prévenu, 241.

Prévenu. Sur le compte rendu par le juge d'instruction, la chambre du conseil déclare qu'il n'y a pas lieu à le poursuivre, ou, suivant les cas, elle le renvoie à la police municipale ou correc-

Procédure. Celle qui a lieu devant la cour d'assises, 291 *et suiv.*
— Comment on procède lorsque des procédures encore indécises
ont été détruites ou enlevées, 521 à 524. Voyez *Instruction.*

Procès-verbaux. Ce que doivent contenir ceux qui sont destinés à
constater des contraventions de police, 11. — Procès-verbaux
des gardes champêtres et forestiers, 16. — Cas où ils doivent
être signés par d'autres officiers de police judiciaire, *ibid.* — Officiers supérieurs de l'administration auxquels les gardes forestiers
sont tenus de remettre leurs procès-verbaux, 18. — Avis à donner au procureur impérial par l'officier qui a reçu l'affirmation,
ibid. — A qui sont remis les procès-verbaux des gardes champêtres des communes, et ceux des gardes champêtres et forestiers
des particuliers, suivant la nature du délit, 20. — Dispositions
relatives aux procès-verbaux dressés par les procureurs impériaux
qui se transportent sur le lieu où vient de se commettre un délit, 33 *et suiv.* — En présence de quels officiers doivent être
faits et rédigés les procès-verbaux des procureurs impériaux, dans
le cas de flagrant délit, 42. — Le juge de paix peut, avant
l'audience du tribunal de police, dresser ou faire dresser des procès-verbaux, 148. — Lecture des procès-verbaux à l'audience,
153. — Procès-verbaux contre lesquels il est ou n'est pas permis
de faire preuve par témoins, 154. — Le greffier lit à l'audience
du tribunal correctionnel, les procès-verbaux ou rapports qui ont
pu être dressés, 190. — Procès-verbal que sont tenus de dresser
les procureurs impériaux, pour constater le délit du greffier qui
aurait délivré expédition d'un jugement avant la signature de la
minute, 196. — Procès-verbal destiné à constater la déclaration
de l'accusé sur la demande en nullité qu'il peut avoir dessein
de former contre la procédure, 296. — Par qui ce procès-verbal doit être signé, *ibid.* — Il ne doit être délivré gratuitement
qu'une seule copie des procès-verbaux constatant le délit, 305.
— Procès-verbal que le greffier doit dresser de la séance dans
laquelle la cour d'assises a prononcé un arrêt, 372. — Signature
de ce procès-verbal, *ibid.* — Procès-verbal d'exécution, 375. —
Procès-verbal qui doit être dressé par le greffier, au moment du
dépôt d'une pièce arguée de faux, 448. — Lorsque les témoins
ne savent pas signer, il en est fait mention au procès-verbal qui
constate les explications par eux données sur des pièces arguées
de faux, 457. — Le greffier de la cour d'assises doit dresser un
procès-verbal de description des pièces de conviction remises aux
propriétaires, 474. — Procès-verbal qui est dressé à raison des
délits contraires au respect dû aux autorités constituées, 604 et
609. — Procès-verbal qui est destiné à recommander à la commisération de l'Empereur un individu condamné par la cour
spéciale, 695. — Procès-verbal qui doit être dressé lorsqu'un
magistrat fait mettre en liberté une personne détenue arbitrairement, 616. Voyez *Affirmation.*

Procuration. Celle en vertu de laquelle une dénonciation a été
faite, doit y rester annexée, 31. — On peut comparaître par

un fondé de procuration spéciale devant les tribunaux de police, 152.

Procureur général près la cour de cassation. Il vise les demandes par lesquelles des condamnés qui veulent se pourvoir en cassation, sollicitent l'autorisation de se rendre dans le maison de justice du lieu où siége la cour, 421. — Extrait qu'il doit envoyer au grand-juge, des arrêts portant rejet de demandes en cassation, 439. — Dénonciation qu'il peut être chargé par le grand-juge de faire à la section criminelle, relativement à des actes judiciaires contraires à la loi, 441. — Lorsqu'il n'a pas été réclamé contre un arrêt sujet à cassation, le procureur général peut, même après l'expiration du délai, le faire casser, 442 — Dénonciation de témoins condamnés pour faux témoignage, 445. — Le grand-juge peut donner ordre au procureur général de poursuivre les crimes ou délits emportant la peine de forfaiture, à raison desquels il y a dénonciation contre un tribunal entier de commerce ou de première instance, ou contre des membres des cours impériales, 486. — Réquisitoire à faire par ce magistrat lorsqu'il ne trouve pas tous les renseignemens nécessaires dans les pièces à lui transmises, 487. — Les arrêts qui ont statué sur une demande en réglement de juges, sont notifiés à sa diligence, 532 — Réquisitions de ce magistrat pour le renvoi d'une affaire devant une autre cour ou un autre tribunal, 542.

Procureur général près la cour impériale. Lorsqu'il y a plusieurs commissaires de police, il nomme celui d'entre eux qui doit faire le service près du tribunal de police, 144. — Les procureurs impériaux doivent lui rendre un compte sommaire des jugemens de police rendus pendant chaque trimestre, et qui ont prononcé la peine d'emprisonnement, 178. — Autres jugemens dont les mêmes magistrats doivent lui envoyer un extrait, 198. — Délai dans lequel le procureur général de la cour impériale est tenu de mettre l'affaire en état et de faire son rapport, 217. — Circonstances qui exigent de sa part la réquisition du renvoi de l'affaire à la haute cour impériale ou à la cour de cassation, 220. — Ce magistrat doit se retirer après le dépôt de sa réquisition écrite et signée, 224. — Ce que doit exposer l'acte d'accusation rédigé par le procureur général, 241. — Avis qu'il doit donner de l'arrêt de renvoi à la cour d'assises ou à la cour spéciale, 245. — Nouvelles charges dont copie doit être adressée au procureur général par l'officier de police judiciaire, ou par le juge d'instruction, 248. — Réquisition à faire en conséquence par ce magistrat, *ibid.* — Les fonctions du ministère public sont remplies par lui ou l'un de ses substituts, dans les assises du département où siége la cour impériale, 252. — Cas dans lequel il est censé avoir renoncé à la faculté de se pourvoir contre l'arrêt portant renvoi à la cour d'assises, 261. — Seules personnes qu'il puisse poursuivre par lui-même ou par son substitut, 271. — Peine qu'il encourrait en portant à la cour d'autres actes d'accusation que ceux qui ont été rédigés dans les formes prescrites, *ibid.* — Soins que le procureur général ou son substitut doit apporter à ce que les actes préliminaires soient faits assez tôt pour que les débats puissent avoir lieu à l'ouverture des assises, 272. — Il assiste aux débats, requiert l'application de la peine, et il est présent à la prononciation de l'arrêt, 273 — Il charge le procureur impérial de poursuivre les délits dont il a connaissance, 274. — Il reçoit les dénonciations et les plaintes, en tient registre et les transmet aux procureurs impériaux, 275. — Il fait les réquisitions qu'il juge utiles et les signe, 275 et 277. — Il peut recourir en cassation contre l'arrêt rendu par la cour d'assises sans égard à ses réquisitions, 278. — Officiers de police judiciaire et autres fonctionnaires soumis à sa surveillance, 279 *et suiv.* — La loi le charge de veiller à l'exécution des dispositions relatives à la délivrance de copies des pièces d'un procès, 306 — Il demande une prorogation de délai, lorsqu'il a des motifs pour désirer que l'affaire ne soit pas portée à la première assemblée du jury, 306. — Il peut requérir la jonction de plusieurs actes d'accusation contre différens accusés d'un même délit, 307. — Réquisition qu'il peut faire quand l'acte d'accusation renferme plusieurs délits non connexes, 308. — Le procureur général expose dans les débats le sujet de l'accusation, et présente la liste des témoins, dont les noms, la profession et la résidence, ont dû être préalablement notifiés, 315. — Il peut s'opposer à l'audition d'un témoin non désigné dans l'acte de notification, *ibid* — Il a la faculté de requérir le président de faire tenir note des additions ou changemens qui existeraient entre la déposition d'un témoin et ses déclarations antérieures, 318. — Il peut demander au témoin et à l'accusé les éclaircissemens qu'il croit nécessaires, en s'adressant à cet effet au président, 319. — Il a la faculté de faire citer ceux des témoins indiqués par l'accusé, dont il croit que la déclaration peut tendre à la découverte de la vérité, 321. — Il peut, pendant l'examen, prendre note de ce qui lui parait important dans les dépositions des témoins, ou dans la défense de l'accusé, 328. — Cas dans lequel le procureur général remplit les fonctions d'officier de police judiciaire, 330 — Il peut récuser l'interprète nommé à l'accusé ou à des témoins, à raison de la différence de langage, ou parce qu'ils sont sourds-muets, 332. — Réquisitions du procureur général contre le témoin non comparant aux assises, 355. — Le procureur général doit être entendu sur les fins de non-recevoir ou défenses des parties, 358. — Sa réquisition pour l'application de la loi quand l'accusé a été déclaré coupable, 362. — Délai dans lequel le procureur général peut déclarer au greffe qu'il demande la cassation d'un arrêt, 373. — La condamnation est exécutée par ses ordres, et il a le droit de requérir l'assistance de la force publique, 376. — Cas dans lesquels il doit surseoir à l'exécution d'un premier arrêt de condamnation, jusqu'à ce qu'il ait été statué sur un second procès, 379. — Les fonctions de procureur général sont incompa-

rendus par le juge d'instruction sur les affaires dont il est chargé, sont communiqués au procureur impérial pour faire ses réquisitions, 127. — Ce magistrat doit envoyer sous vingt-quatre heures les pièces au greffe du tribunal chargé de prononcer, 132 et 133. — Cas dans lequel il peut s'opposer à l'élargissement d'un prévenu, 135. — Il désigne pour une année le membre du conseil municipal qui doit suppléer l'adjoint du maire dans l'exercice des fonctions du ministère public, 167. — Il peut requérir une nouvelle audition de témoins sur l'appel d'un jugement du tribunal de police, 175. — Il doit déposer au greffe des tribunaux correctionnels, l'extrait à lui adressé des jugemens de police qui ont prononcé l'emprisonnement, 178. — Il en rend un compte sommaire au procureur général près la cour impériale, *ibid.* — Le tribunal de première instance peut être saisi de la connaissance de tous les délits en matière correctionnelle, par une citation faite à sa requête, 182. — Exposé et résumé des affaires avec conclusion, 190 — Représentation qui doit tous les mois être faite aux procureurs impériaux, des minutes des jugemens rendus en matière correctionnelle, 196. — Les jugemens sont exécutés à leur requête, 197. — Par qui sont faites, en leur nom, les poursuites pour le recouvrement des amendes et confiscations, *ibid.* — Ils doivent envoyer au procureur général de la cour impériale un extrait des jugemens, 198. — Les procureurs impériaux ont la faculté d'appeler des jugemens rendus en police correctionnelle, 202. — Ce qu'ils doivent faire lorsqu'il a été interjeté un appel, 207. — Ils doivent envoyer tous les huit jours au procureur général une notice des affaires survenues, 249. Voyez *Attestation, Conclusions, Délégation, Formalités, Ministère public, Prise à partie, Réquisition.*

Procureur impérial criminel. Quel magistrat porte ce titre, 253. — Ses fonctions, 284 *et suiv.* — Sa résidence, *ibid.* — Mode de remplacement, 288. — Surveillance des officiers de police judiciaire, 289. — Comptes qu'il doit rendre chaque trimestre au procureur général impérial, 290. — Fonctions qu'il exerce près de la cour spéciale, 565. Ce qu'il est tenu de faire quand on l'a instruit d'une détention illégale, 616 et 617.

Pronostiqueurs. Voyez *Divination.*

Provision. La disposition d'un jugement du tribunal correctionnel qui accorde une provision, est exécutoire nonobstant l'appel, 188.

Publicité. Voyez *Audiences, Instruction.*

Q

Questions. Comment doivent être posées les questions qui résultent de l'acte d'accusation, 337 à 340. — Remise des questions aux jurés avec les pièces du procès, 341.

R

S

Saisie. Armes et autres objets dont le procureur impérial doit se saisir lorsqu'il se transporte sur les lieux pour constater un délit, 35. — Au cas de flagrant délit, le procureur impérial doit faire saisir les prévenus présens contre lesquels il existe des indices graves, 40.

Salaires. Ceux des témoins cités à la requête des accusés, sont à leur charge, 321.

Sceau. Les divers mandats doivent être munis du sceau du magistrat qui les décerne, 95. Voyez *Papiers.*

Sceau de l'Etat. Poursuites contre les contrefacteurs, 6 et 6. Voyez *Visites domiciliaires.*

Secours. A quelles personnes il peut être accordé des secours pendant le séquestre des biens d'un accusé contumax, et par qui ces secours sont réglés, 475.

Section. Formation d'une section dans la cour impériale pour s'occuper des affaires criminelles, 218.

Séquestre. Les gardes champêtres et forestiers peuvent mettre en séquestre les choses enlevées en contravention, 16. — L'ordonnance rendue contre un accusé contumax, doit ordonner le séquestre de ses biens pendant l'instruction, 465. — Excuses légitimes qui peuvent faire surseoir au séquestre, 469. — Régie des biens du contumax condamné, et compte à rendre par le séquestre, 471. Voyez *Secours.*

Serment. Celui que doivent prêter les personnes appelées pour constater les causes d'une mort violente, 44. — Serment des témoins, 75, 155 et 317. — Les enfans au-dessous de quinze ans font leur déclaration sans prestation de serment, 79. — Serment du greffier de maire pour les affaires de police, 163. — Serment des jurés, 312. — Amende encourue par le témoin qui refuse de prêter serment, 355. Voyez *Interprète, Témoins.*

Service. Le président de la cour d'assises doit demander aux témoins s'ils ne sont pas attachés au service de l'accusé et de la partie civile, 317. Voyez *Domesticité.*

Signature. Par qui les ratures et renvois d'une information doivent être approuvés et signés, 78. — Signature des diverses sortes de mandats, 95. — Celle des réquisitions du procureur général, et des décisions auxquelles elles donnent lieu, 277. — Par qui doit être signée la déclaration du jury, 349. — Signature des arrêts et du procès-verbal des séances dans lesquelles ils ont été rendus, 370, 372 et 594. — Signature des pièces arguées de faux, et

T

Tableau des jurés. La liste des jurés doit être notifiée à chaque accusé la veille du jour déterminé pour la formation de ce tableau, 394. — Le jury de jugement est formé à l'instant où douze noms de jurés non récusés sont sortis de l'urne, 399. — L'examen de l'accusé commence aussitôt après la formation du tableau, 405. — Cas dans lequel un nouveau tableau doit être formé, 406.

Témoins. Circonstances dans lesquelles le procureur impérial reçoit les déclarations des personnes qui peuvent donner des renseignemens sur un délit, 32, 33 et 46. — Comment les témoins peuvent être entendus devant les juges de paix, les officiers de gendarmerie, les maires, les commissaires de police, 46, 49 et suiv. 83. — Circonstances dans lesquelles les témoins doivent être entendus devant le juge d'instruction, 47, 59 et 60. — Ce juge fait citer devant lui ceux qui ont été indiqués par la dénonciation, par la plainte, par le procureur impérial ou autrement, 71. — Par qui et à la requête de quel magistrat la citation en est faite, 72. — Par qui et comment ils sont entendus, 73. — Ils doivent représenter la citation à eux donnée, 74. — Ils prêtent serment de dire la vérité, et désignent leurs noms, profession, etc. 75. — Ils signent leurs dépositions, 76. — Ils approuvent et signent les ratures et les renvois, 78. — Les enfans au-dessous de quinze ans ne sont entendus, que par forme de déclaration, 79. — Cas où les témoins peuvent encourir une amende, 80 et 81. — Indemnité des témoins, 82. — Ce qui a lieu lorsque les témoins sont dans l'impossibilité de comparaître, ou résident hors de l'arrondissement du juge d'instruction, 83 *et suiv.* — Cas dans lequel il peut être décerné contre eux un mandat de dépôt, et par qui peut être prononcée la peine qu'ils ont encourue, 86. — Audition des témoins au tribunal de police, 153. — Le greffier tient note de leurs noms, prénoms, âge, profession et demeure, et de leurs principales déclarations, 155. — Parenté ou alliance qui ne permet d'appeler ni de recevoir en témoignage, 156. — Cas dans lequel l'audition ne peut opérer une nullité, *ibid.* — Amende et contrainte contre les témoins qui ne satisfont pas à la citation, 157. — Audition des témoins à l'audience du tribunal correctionnel, 190. — Ils ne paraissent point à la chambre du conseil de la cour impériale lors de l'examen des procès, 223. — Les témoins appelés par le président de la cour d'assises, pendant la durée des débats, ne prêtent point serment, 269. — Commission pour entendre de nouveaux témoins résidant hors du lieu où se tient la cour d'assises, 303. — Le juge d'instruction commis envoie les dépositions closes et cachetées au greffier de la cour d'assises, *ibid.* — Jugement et punition des témoins non comparans ou refusant de déposer, 304. — Il ne doit être délivré gratuitement qu'une seule copie des déclarations écrites des

U

V

Violence. Voyez *Prisonniers.*

Visa. Cas dans lesquels les mandats de dépôt et d'arrêt doivent être visés par le juge de paix, le maire ou le commissaire de police, 98. — Visa à mettre sur l'original de l'acte de notification d'un mandat d'amener qui n'a pu être exécuté, 105.

Visite des prisons. Par qui et quand les maisons d'arrêt, de justice et les prisons doivent être visitées, 611 et 612.

Visites domiciliaires. Les gardes champêtres et forestiers ne peuvent s'introduire dans les bâtimens et enclos, qu'en présence du juge de paix, du commissaire de police ou du maire, 16. — Visites qui ont lieu chez les personnes soupçonnées de fabrication, d'introduction de faux papiers nationaux, de faux billets de banque, de fausse monnaie ou de contrefaction du sceau de l'État, 464. — Les présidens des cours d'assises et spéciales, les procureurs généraux et leurs substituts, les juges d'instruction et les juges de paix, peuvent continuer ces visites hors de leur ressort, *ibid.* Voyez *Bâtiment.*

Voies de fait. Voyez *Peines.*

Voix. En cas d'égalité, l'avis favorable à l'accusé, prévaut, 347. — Délibération des juges pour concourir avec celle des jurés, lorsque l'accusé n'est déclaré coupable du fait principal qu'à une simple majorité, 351. — Les juges délibèrent et opinent à voix basse, 369. — L'arrêt est prononcé à haute voix, *ibid.* — Nombre de voix nécessaire suivant celui des juges présens à l'audience où se sont commis les délits qu'une condamnation doit réprimer, 508. — En cas d'égalité de voix, l'avis favorable à l'accusé doit prévaloir à la cour spéciale, 583.

SUPPLÉMENT

DU

CODE D'INSTRUCTION CRIMINELLE.

N.° I. *Extrait du Sénatus-Consulte organique du 28 Floréal an XII,*

TITRE XIII.

DE LA HAUTE-COUR IMPÉRIALE.

Art. 101. Une haute-cour impériale connaît,

1.° Des délits personnels commis par des membres de la famille impériale, par des titulaires des grandes dignités de l'Empire, par des ministres et par le secrétaire d'état, par de grands officiers, par des sénateurs, par des conseillers d'état;

2.° Des crimes, attentats et complots contre la sûreté intérieure et extérieure de l'État, la personne de l'Empereur et celle de l'héritier présomptif de l'Empire;

3.° Des *délits de responsabilité d'office* commis par les ministres et les conseillers d'état chargés spécialement d'une partie d'administration publique;

4.° Des prévarications et abus de pouvoir, commis, soit par des capitaines généraux des colonies, des préfets coloniaux et des commandans des établissemens français hors du continent, soit par des administrateurs généraux employés extraordinairement, soit par des généraux de terre ou de mer; sans préjudice, à l'égard de ceux-ci, des poursuites de la juridiction militaire, dans les cas déterminés par les lois;

5.° Du fait de désobéissance des généraux de terre ou de mer qui contreviennent à leurs instructions ;

6.° Des concussions et dilapidations dont les préfets de l'intérieur se rendent coupables dans l'exercice de leurs fonctions ;

7.° Des forfaitures ou prises à partie qui peuvent être encourues par une cour d'appel, ou par une cour de justice criminelle, ou par des membres de la cour de cassation ;

8.° Des dénonciations pour cause de détention arbitraire et de violation de la liberté de la presse.

102. Le siége de la haute-cour impériale est dans le Sénat.

103. Elle est présidée par l'archi-chancelier de l'Empire.

S'il est malade, absent ou légitimement empêché, elle est présidée par un autre titulaire d'une grande dignité de l'Empire.

104. La haute-cour impériale est composée des princes, des titulaires des grandes dignités et grands officiers de l'Empire, du grand-juge ministre de la justice, de soixante sénateurs, des six présidens des sections du Conseil d'état, de quatorze conseillers d'état et de vingt membres de la cour de cassation.

Les sénateurs, les conseillers d'état et les membres de la cour de cassation, sont appelés par ordre d'ancienneté.

105. Il y a auprès de la haute-cour impériale un procureur général, nommé à vie par l'Empereur.

Il exerce le ministère public, étant assisté de trois magistrats que l'Empereur nomme chaque année, parmi les officiers des cours d'appel ou de justice criminelle.

106. Il y a auprès de la haute-cour impériale un greffier en chef, nommé à vie par l'Empereur.

107. Le président de la haute-cour impériale ne peut jamais être récusé; il peut s'abstenir pour des causes légitimes.

108. La haute-cour impériale ne peut agir que sur les poursuites du ministère public, dans les délits commis par ceux que leur qualité rend justiciables de la cour impériale; s'il y a un plaignant, le ministère public devient nécessairement partie jointe et poursuivante, et procède ainsi qu'il est réglé ci-après.

Le ministère public est également partie jointe et poursuivante dans les cas de forfaiture ou de prise à partie.

109. Les magistrats de sûreté et les directeurs de jury sont tenus dé s'arrêter, et de renvoyer, dans le délai de huitaine, au procureur général près la haute-cour impériale, toutes les pièces de la procédure, lorsque, dans les délits dont ils poursuivent la réparation, il résulte, soit de la qualité des personnes, soit du titre de l'accusation, soit des circonstances, que le fait est de la compétence de la haute-cour impériale.

Néanmoins les magistrats de sûreté continuent à recueillir les preuves et les traces du délit.

110. Les ministres ou les conseillers d'état chargés d'une partie quelconque d'administration publique, peuvent être dénoncés par le Corps législatif, s'ils ont donné des ordres contraires aux constitutions et aux lois de l'Empire.

111. Peuvent être également dénoncés par le Corps législatif,

Les capitaines généraux des colonies, les préfets coloniaux, les commandans des établissemens français hors du continent, les administrateurs généraux, lorsqu'ils ont prévariqué ou abusé de leur pouvoir;

Les généraux de terre ou de mer qui ont désobéi à leurs instructions ;

Les préfets de l'intérieur qui se sont rendus coupables de dilapidation ou de concussion.

112. Le Corps législatif dénonce pareillement les ministres ou agens de l'autorité, lorsqu'il y a eu, de la part du Sénat, déclaration de *fortes présomptions de détention arbitraire ou de violation de la liberté de la presse.*

113. La dénonciation du Corps législatif ne peut être arrêtée que sur la réclamation de cinquante membres du Corps législatif, qui requièrent un comité secret à l'effet de faire désigner, par la voie du scrutin, dix d'entre eux pour rédiger le projet de dénonciation.

114. La réclamation doit être faite par écrit, signée par les dix membres du Corps législatif.

Si elle est dirigée contre un ministre ou contre un conseiller d'état chargé d'une partie d'administration publique, elle leur est communiquée dans le délai d'un mois.

115. Le ministre ou le conseiller d'état dénoncé ne comparaît point pour y répondre.

L'Empereur nomme trois conseillers d'état pour se rendre au Corps législatif le jour qui est indiqué, et donner des éclaircissemens sur les faits de la dénonciation.

116. Le Corps législatif discute en comité secret les faits compris dans la réclamation, et il délibère par la voie du scrutin.

117. L'acte de dénonciation doit être circonstancié, signé par le président et par les secrétaires du Corps législatif.

Il est adressé par un message à l'archi-chancelier de l'Empire, qui le transmet au procureur général près la haute-cour impériale.

118. Les prévarications ou abus de pouvoir des capitaines généraux des colonies, des préfets coloniaux, des commandans des établissemens hors du continent, des administrateurs généraux, les faits de désobéissance de la part des généraux de terre ou de mer aux instructions qui leur ont été données, les dilapidations et concussions des préfets, sont aussi dénoncés par les ministres, chacun dans ses attributions, aux officiers chargés du ministère public.

Si la dénonciation est faite par le grand-juge ministre de la justice, il ne peut point assister ni prendre part aux jugemens qui interviennent sur sa dénonciation.

119. Dans les cas déterminés par les articles 110, 111, 112 et 118, le procureur-général informe sous trois jours l'archi-chancelier de l'Empire, qu'il y a lieu de réunir la haute-cour impériale.

L'archi-chancelier, après avoir pris les ordres de l'Empereur, fixe dans la huitaine l'ouverture des séances.

120. Dans la première séance de la haute-cour impériale, elle doit juger sa compétence.

121. Lorsqu'il y a dénonciation ou plainte, le procureur général, de concert avec les trois magistrats officiers du parquet, examine s'il y a lieu à poursuites.

La décision lui appartient; l'un des magistrats du parquet peut être chargé par le procureur général, de diriger les poursuites.

Si le ministère public estime que la plainte ou la dénonciation ne doit pas être admise, il motive les conclusions sur lesquelles la haute-cour impériale prononce, après avoir entendu le magistrat chargé du rapport.

122. Lorsque les conclusions sont adoptées, la haute-cour impériale termine l'affaire par un jugement définitif.

Lorsqu'elles sont rejetées, le ministère public est tenu de continuer les poursuites.

123. Dans le second des cas prévus par l'article précédent, et aussi lorsque le ministère public estime que la plainte ou la dénonciation doit être admise, il est tenu de dresser l'acte d'accusation dans la huitaine, et de le communiquer au commissaire et au suppléant que l'archi-chancelier de l'Empire nomme parmi les juges de la cour de cassation qui sont membres de la haute-cour impériale. Les fonctions de ce commissaire, et, à son défaut, du suppléant, consistent à faire l'instruction et le rapport.

124. Le rapporteur ou son suppléant soumet l'acte d'accusation à douze commissaires de la haute-cour impériale, choisis par l'archi-chancelier de l'Empire, six parmi les sénateurs, et six parmi les autres membres de la haute-cour impériale. Les membres choisis ne concourent point au jugement de la haute-cour impériale.

125. Si les douze commissaires jugent qu'il y a lieu à accusation, le commissaire rapporteur rend une ordonnance conforme, décerne les mandats d'arrêt et procède à l'instruction.

126. Si les commissaires estiment au contraire qu'il n'y a pas lieu à accusation, il en est référé par le rapporteur à la haute-cour impériale, qui prononce définitivement.

127. La haute-cour impériale ne peut juger à moins de soixante membres. Dix de la totalité des membres qui sont appelés à la composer, peuvent être récusés sans motifs déterminés par l'accusé, et dix par la partie publique. L'arrêt est rendu à la majorité absolue des voix.

128. Les débats et le jugement ont lieu en public.

129   Les accusés ont des défenseurs ; s'ils n'en présentent point, l'archi-chancelier de l'Empire leur en donne d'office.

130.   La haute-cour impériale ne peut prononcer que des peines portées par le code pénal.

Elle prononce, s'il y a lieu, la condamnation aux dommages et intérêts civils.

131.   Lorsqu'elle acquitte, elle peut mettre ceux qui sont absous, sous la surveillance ou à la disposition de la haute police de l'État, pour le temps qu'elle détermine.

132.   Les arrêts rendus par la haute-cour impériale ne sont soumis à aucun recours ;

· Ceux qui prononcent une condamnation à une peine afflictive ou infamante, ne peuvent être exécutés que lorsqu'ils ont été signés par l'Empereur.

N.° II.   *Loi sur l'Administration de la Justice par les Cours impériales, d'assises, et spéciales, et par les Tribunaux de première instance du 20 Avril 1810.*

CHAPITRE Ier.

Des Cours impériales.

Art. 1.   Les Cours d'appel prendront le titre de *Cours impériales* ; les présidens et autres membres de ces Cours prendront le titre de *Conseillers de Sa Majesté* dans lesdites Cours.

2.   Les Cours impériales connaîtront des matières civiles et des matières criminelles conformément aux codes et aux lois de l'Empire.

3.   Les Cours impériales siégeront dans les mêmes villes où les Cours d'appel ont été établies ; elles comprendront dans leur ressort les mêmes départemens.

Les Cours de justice criminelle sont supprimées ; elles continueront néanmoins leur service jusqu'au moment de l'installation des Cours impériales.

4. Le nombre des juges des Cours impériales ne pourra excéder à Paris soixante, et dans les autres cours quarante : il ne pourra être, à Paris, au dessous de quarante, et dans les autres Cours, de vingt.

5. La division des Cours impériales en chambres ou sections, et l'ordre du service, seront fixés par des réglemens d'administration publique.

Si l'Empereur juge convenable de créer des sections nouvelles, ou d'en supprimer dans les Cours impériales, il y sera également pourvu par des réglemens d'administration publique, sans toutefois déroger à ce qui est prescrit par l'article 4 ci-dessus.

6. Les fonctions du ministère public seront exercées à la cour impériale, par un procureur général impérial.

Il aura des substituts pour le service des audiences à la cour impériale, pour son parquet, pour le service des cours d'assises et des cours spéciales, et pour les tribunaux de première instance.

Les substituts créés pour le service des audiences des cours impériales, portent le titre d'*avocats généraux*.

Ceux qui font le service aux cours d'assises et aux cours spéciales, portent le titre de *procureurs impériaux criminels*.

Ceux établis près des tribunaux de première instance portent le titre de *procureurs impériaux*.

Les substituts créés pour le service du parquet, ou pour résider auprès des cours d'assises, ou spéciales, sont répartis par le procureur général, les uns pour faire auprès de lui le service du parquet, les autres pour résider, en qualité de procureurs impériaux criminels, dans les lieux où doivent siéger les cours d'assises ou spéciales ; et cependant le procureur général pourra changer, s'il le trouve convenable, la destination qu'il aura donnée à chacun d'eux.

Dans les cas d'absence ou empêchement des avocats généraux, les substituts de service au parquet pourront porter la parole aux audiences de la cour impériale.

7. La justice est rendue souverainement par les cours impériales; leurs arrêts, quand ils sont revêtus des formes prescrites à peine de nullité, ne peuvent être cassés que pour une contravention expresse à la loi.

Les arrêts qui ne sont pas rendus par le nombre de juges prescrit, ou qui ont été rendus par des juges qui n'ont pas assisté à toutes les audiences de la cause, ou qui n'ont pas été rendus publiquement, ou qui ne contiennent pas les motifs, sont déclarés nuls.

La connaissance du fond est toujours renvoyée à une autre cour impériale.

8. Toutes les chambres de la cour impériale se réuniront en la chambre du conseil, le premier mercredi d'après la rentrée: le procureur général, ou un avocat général en son nom, prononcera un discours sur la manière dont la justice aura été rendue dans l'étendue du ressort pendant la précédente année; il remarquera les abus qui auraient pu se glisser dans l'administration en cette partie; il fera les réquisitions qu'il jugera convenables, d'après les dispositions des lois. La cour sera tenue de délibérer sur ces réquisitions; et le procureur général enverra au grand-juge copie de son discours et des arrêts qui seront intervenus.

9. Dans la même séance, ou dans une autre indiquée à cet effet dans la même semaine, la cour arrêtera, pour être adressée au grand-juge, une liste des juges de son ressort, qui se seront distingués par leur exactitude et par une pratique constante de tous les devoirs de leur état; elle fera aussi connaître ceux des avocats qui se seront

remarquer par leurs lumières, leurs talens, et sur tout par la délicatesse et le désintéressement qui doivent caractériser cette profession.

10. Lorsque de grands officiers de la légion d'honneur, des généraux commandant une division ou un département, des archevêques, des évêques, des présidens de consistoire, des membres de la cour de cassation, de la cour des comptes et des cours impériales, et des préfets, seront prévenus des délits de police correctionnelle, les cours impériales en connaîtront de la manière prescrite par l'article 479 du Code d'instruction criminelle.

11. La cour impériale pourra, toutes les chambres assemblées, entendre les dénonciations qui lui seraient faites par un de ses membres, de crimes et de délits : Elle pourra mander le procureur général pour lui enjoindre de poursuivre à raison de ces faits, ou pour entendre le compte que le procureur général lui rendra des poursuites qui seraient commencées.

CHAPITRE II.

Des Juges auditeurs.

12. Les juges auditeurs près les cours d'appel, institués par décret du 16 mars 1808, prendront le titre de conseillers auditeurs près les cours impériales ; ils conserveront les attributions et droits qui leur sont acquis.

Lorsqu'ils auront atteint l'âge de 27 ans, ils auront voix délibérative dans toutes les affaires.

13. Il sera en outre établi des juges auditeurs qui seront à la disposition du grand-juge ministre de la justice, à l'effet d'être envoyés par lui pour remplir, lorsqu'ils auront l'âge requis pour avoir voix délibérative, les fonctions de juges dans les tribunaux composés de trois juges seulement. Ils ne pourront pas être envoyés dans les tribunaux composés d'un plus grand nombre de juges.

Ceux de ces auditeurs qui, n'ayant pas l'âge requis, seraient envoyés dans les tribunaux, auront voix consultative ; ils pourront aussi être nommés rapporteurs des délibérés, lorsqu'ils auront assisté à toutes les audiences de la cause. Ils auront dans ce cas voix délibérative.

14. Nul ne sera nommé aux fonctions de conseiller auditeur près une cour impériale, s'il n'a exercé pendant deux ans celles de juge auditeur dans un tribunal.

15. Le mode de nomination des conseillers auditeurs et des juges auditeurs, celui de leur service dans les cours et tribunaux, celui de leur avancement, leur costume, leur rang aux audiences et cérémonies publiques, leur traitement et l'époque où ils en jouiront, et généralement tout ce qui étant relatif à l'institution, n'aurait pas été réglé par la présente loi, le sera par des réglemens d'administration publique.

CHAPITRE III.

Des Cours d'assises.

16. Le premier président de la cour impériale nommera, pour chaque tenue des cours d'assises, un membre de ladite cour pour les présider. Il pourra les présider lui-même quand il le jugera convenable.

Le premier président de la cour nommera aussi les quatre conseillers qui devront assister le président aux assises dans les lieux où siége la cour impériale.

Il nommera pareillement les conseillers de la cour qui devront, avec le président, tenir les assises dans les départemens, lorsque la cour jugera convenable d'en envoyer.

Le grand-juge pourra néanmoins, dans tous les cas, nommer les présidens et les conseillers de la cour qui devront tenir les assises.

L'époque de ces nominations sera déterminée par des réglemens d'administration publique.

17. Les cours d'assises connaîtront des affaires qui leur sont attribuées par le Code d'instruction criminelle; elles se conformeront, pour l'instruction et le jugement, aux dispositions de ce Code et à celles du Code pénal.

Leurs arrêts ne peuvent être annullés que dans les cas prévus par l'art. 7.

Elles se tiendront habituellement dans le lieu où siégent actuellement les cours criminelles.

18. La connaissance des faits emportant peine afflictive ou infamante dont seront accusées les personnes mentionnées en l'art. 10, est aussi attribuée à la cour d'assises du lieu où réside la cour impériale.

La disposition du présent article, et celle de l'art. 10, ne sont pas applicables aux crimes ou délits qui seraient de la compétence de la haute-cour, d'après les dispositions du sénatus consulte du 28 floréal an 12.

19. Les assises se tiendront, dans chaque département, de manière à n'avoir lieu dans le ressort de la même cour impériale que les unes après les autres, et de mois en mois, à moins qu'il n'y ait plus de trois départemens dans le ressort, ou que le besoin du service n'exige qu'il en soit tenu plus souvent.

Le même membre pourra être délégué pour présider successivement, si faire se peut, plusieurs cours d'assises.

20. Le premier président de la cour impériale désignera le jour où devra s'ouvrir la séance de la cour des assises, quand elle se tiendra dans le lieu où elle siége habituellement.

21. Lorsque la cour d'assises devra tenir sa séance dans un lieu autre que celui où elle siége habituellement, l'époque de l'ouverture et le lieu seront déterminés, par arrêt rendu, toutes les chambres assemblées, et le procureur général entendu.

22. L'ordonnance portant fixation du jour de l'ouverture de la séance de la cour d'assises, ou l'arrêt qui indiquera le lieu et le jour de cette ouverture, sera publié par affiches et par la lecture qui en sera faite dans tous les tribunaux de première instance du ressort, huit jours au moins avant l'ouverture.

CHAPITRE IV.
Des Cours spéciales.

23. Les cours spéciales ordinaires connaîtront des crimes commis par les vagabonds, et autres crimes spécifiés dans les art. 553 et 554 du Code d'instruction criminelle, en se conformant à l'article 555 du même Code.

Il pourra, en outre, être établi des cours spéciales extraordinaires pour remplir les fonctions qui seront ci-après déterminées.

§. I.er
Des Cours spéciales ordinaires.

24. L'Empereur nommera, chaque année, pour faire le service dans chaque cour spéciale ordinaire, formée conformément à l'art. 556 du Code d'instruction criminelle, six officiers de gendarmerie, dont trois sont désignés pour être suppléans.

Les dispositions des articles 20, 21 et 22, sont communes aux cours spéciales ordinaires.

§. II.
Des Cours spéciales extraordinaires.

25. La cour spéciale extraordinaire sera établie dans la cour impériale; elle sera composée de huit membres de cette cour, dont l'un sera désigné pour être le président.

Le président et les conseillers seront nommés par le premier président de la cour impériale : ils pourront être nommés par le grand-juge, ainsi qu'il est dit dans l'art. 16 ci-dessus.

26. Si les circonstances exigent qu'il soit formé plusieurs sections dans une cour spéciale extraordinaire, il y sera pourvu par un réglement d'administration publique.

27. La cour spéciale extraordinaire remplacera la cour d'assises dans les départemens dans lesquels le jury n'aura pas été établi ou sera suspendu.

28. Lorsque la multiplicité de certains crimes sur quelque point de l'Empire exigera des voies de répression plus actives, et qu'en conséquence Sa Majesté jugera convenable d'y établir une cour spéciale extraordinaire, elle sera composée ainsi qu'il est dit ci-dessus article 25.

29. Ses attributions dans le cas de l'article précédent seront faites par un réglement d'administration publique; elles ne pourront être faites que pour l'espace d'une année.

30. La cour spéciale extraordinaire se transportera, quand il lui sera ordonné par le grand-juge, dans l'étendue du ressort de la cour impériale, pour y connaitre des affaires de sa compétence.

31. Les cours spéciales extraordinaires se conformeront, pour l'instruction et le jugement, aux dispositions du Code d'instruction criminelle concernant les cours spéciales ordinaires: néanmoins leurs arrêts définitifs seront sujets au recours en cassation, et en conséquence ils ne seront pas précédés d'un arrêt de compétence.

§. III.

De la Cour spéciale de Paris.

32. La cour spéciale de Paris sera composée ainsi qu'il est dit à l'article 25.

Le greffier de la cour spéciale sera nommé par l'Empereur.

Les dispositions de l'article 26 sont applicables à cette cour.

33. Indépendamment des attributions communes à toutes les cours spéciales ordinaires et extraordinaires, elle conservera, pendant cinq ans, toutes les attributions dont est actuellement investie la cour criminelle de la Seine, aux termes des lois et réglemens.

CHAPITRE V.

Des Tribunaux.

34. Les tribunaux de première instance continueront de connaître des matières civiles et de police, conformément aux Codes et aux lois de l'Empire.

35. Le tribunal de première instance de Paris sera composé de trente-six juges et de douze suppléans.

36. Les tribunaux placés dans les villes les moins populeuses et où il y a le moins d'affaires, seront composés de trois juges, dont deux, autres que le président, pourront être juges auditeurs, et de trois suppléans.

37. Le nombre des juges pourra être augmenté dans les autres villes, suivant les localités.

38. Le classement des tribunaux, leur division en sections et l'ordre de leur service seront fixés par des réglemens d'administration publique.

39. Si les circonstances exigent qu'il soit formé des sections temporaires dans un tribunal de première instance, ces sections le seront par un réglement d'administration publique.

Elles pourront être composées de juges, de juges auditeurs ou de suppléans.

40. Les juges ne pourront rendre aucun jugement, s'ils ne sont au nombre de trois au moins; sur l'appel en matière correctionnelle, ils seront au nombre de cinq.

Les appels des jugemens rendus en police correctionnelle, seront portés au tribunal du lieu où siègent habituellement les cours d'assises.

41. Les suppléans pourront assister à toutes les audiences: ils auront voix consultative; et, en cas de partage, le plus ancien dans l'ordre de réception aura voix délibérative.

42. Les directeurs du jury et les magistrats de sûreté sont supprimés. Leurs fonctions seront remplies, conformément au Code d'instruction criminelle, par des juges d'instruction, et par le procureur impérial ou son substitut.

43. Les fonctions du ministère public seront exercées, dans chaque tribunal de première instance, par un substitut du procureur général, qui a le titre de *procureur impérial*, et par des substituts du procureur impérial dans les lieux où il sera nécessaire d'en établir; sans que le nombre puisse s'élever au-dessus de cinq, excepté à Paris, où le procureur impérial aura douze substituts.

44. Les juges de paix continueront de rendre la justice dans les matières dont la connaissance leur est attribuée, et dans les formes prescrites par les Codes et les lois de l'Empire.

Les juges de police simple se conformeront aux dispositions du Code d'instruction criminelle, sur leur compétence et sur l'instruction des affaires qui leur sont attribuées.

Il n'est rien innové en ce qui concerne les tribunaux de commerce.

CHAPITRE VI.
Du Ministère public.

45. Les procureurs généraux exerceront l'action de la justice criminelle dans toute l'étendue de leur ressort: ils veilleront au maintien de l'ordre dans tous les tribunaux; ils auront la surveillance de tous les officiers de police judiciaire et officiers ministériels du ressort.

46. En matière civile, le ministère public agit d'office dans les cas spécifiés par la loi.

Il surveille l'exécution des lois, des arrêts et des jugemens; il poursuit d'office cette exécution dans les dispositions qui intéressent l'ordre public.

47. Les substituts du procureur général exercent la même action dans les mêmes cas, d'après les mêmes règles, sous la surveillance et la direction du procureur général.

En cas d'absence ou empêchement du procureur général, il est remplacé par le premier avocat général.

CHAPITRE VII.

De la Discipline.

48. Les juges et les officiers du ministère public qui s'absenteraient sans un congé délivré suivant les règles prescrites par la loi ou les réglemens, seront privés de leur traitement pendant le temps de leur absence; et si leur absence dure plus de six mois, ils pourront être considérés comme démissionnaires, et remplacés.

Néanmoins les juges et officiers du ministère public, pourront, après un mois d'absence, être requis par le procureur général de se rendre à leur poste; et faute par eux d'y revenir dans le mois, il en sera fait rapport au grand-juge, qui pourra proposer à l'Empereur de les remplacer comme démissionnaires.

49. Les présidens des cours impériales et les tribunaux de première instance avertiront d'office, ou sur la réquisition du ministère public, tout juge qui compromettra la dignité de son caractère.

50. Si l'avertissement reste sans effet, le juge sera soumis, par forme de discipline, à l'une des peines suivantes; savoir :

La censure simple;

La censure avec réprimande;

La suspension provisoire.

La censure avec réprimande emportera de droit privation de traitement pendant un mois : la suspension provisoire emportera privation de traitement pendant sa durée.

51. Les décisions prises par les tribunaux de première instance seront transmises, avant de recevoir leur exécution, aux procureurs généraux, par les procureurs impériaux, et soumises aux cours impériales.

52. L'application des peines déterminées par l'article 50 ci-dessus, sera faite en chambre du conseil par les tribunaux de première instance, s'il s'agit d'un juge de ces tribunaux, ou d'un membre de justice de paix, ou d'un juge de police de leur arrondissement.

Lorsqu'il s'agira d'un membre des cours impériales, ou d'assises ou spéciales, l'application sera faite par les cours impériales en la chambre du conseil.

53. La disposition de l'article précédent est applicable à tous les membres des cours d'assises et spéciales, qui auront encouru l'une des peines portées en l'article 50, même à ceux qui, n'ayant exercé qu'en qualité de suppléans, auront, dans l'exercice de cette suppléance, manqué aux devoirs de leur état.

54. Les cours impériales exerceront les droits de discipline attribués aux tribunaux de première instance, lorsque ceux-ci auront négligé de les exercer.

Les cours impériales pourront, dans ce cas, donner à ces tribunaux un avertissement d'être plus exacts à l'avenir.

55. Aucune décision ne pourra être prise que le juge inculpé n'ait été entendu ou dûment appelé, et que le procureur impérial ou le procureur général n'ait donné ses conclusions par écrit.

56. Dans tous les cas, il sera rendu compte au grand-juge ministre de la justice, par les procureurs généraux, de la décision prise par les cours impériales : quand elles auront prononcé ou confirmé la censure avec réprimande,

ou la suspension provisoire, la décision ne sera mise à exécution qu'après avoir été approuvée par le grand-juge. Néanmoins, en cas de suspension provisoire, le juge sera tenu de s'abstenir de ses fonctions jusqu'à ce que le grand-juge ait prononcé; sans préjudice du droit que l'article 82 du sénatus-consulte du 16 thermidor an 10 donne au grand-juge, de déférer le juge inculpé à la cour de cassation, si la gravité des faits l'exige.

57. Le grand-juge ministre de la justice pourra, quand il le jugera convenable, mander auprès de sa personne les membres des cours et tribunaux, à l'effet de s'expliquer sur les faits qui pourraient leur être imputés.

58. Tout juge qui se trouvera sous les liens d'un mandat d'arrêt, de dépôt, d'une ordonnance de prise de corps ou d'une condamnation correctionnelle, même pendant l'appel, sera suspendu provisoirement de ses fonctions.

59. Tout jugement de condamnation rendu contre un juge à une peine même de simple police, sera transmis au grand-juge ministre de la justice, qui, après en avoir fait l'examen, dénoncera à la cour de cassation, s'il y a lieu, le magistrat condamné; et, sous la présidence du ministre, ledit magistrat pourra être déchu ou suspendu de ses fonctions, suivant la gravité des faits.

60. Les officiers du ministère public dont la conduite est répréhensible, seront rappelés à leur devoir par le procureur général du ressort; il en sera rendu compte au grand-juge, qui, suivant la gravité des circonstances, leur fera faire par le procureur général les injonctions qu'il jugera nécessaires, ou les mandera près de lui.

61. Les cours impériales, d'assises ou spéciales sont tenues d'instruire le grand-juge ministre de la justice, toutes les fois que les officiers du ministère public, exerçant leurs fonctions près de ces cours, s'écartent du devoir de leur

état, et qu'ils en compromettent l'honneur, la délicatesse et la dignité.

Les tribunaux de première instance instruiront le premier président et le procureur général de la cour impériale, des reproches qu'ils se croiront en droit de faire aux officiers du ministère public exerçant dans l'étendue de l'arrondissement, soit auprès de ces tribunaux, soit auprès des tribunaux de police.

62. Les grefliers seront avertis ou réprimandés par les présidens de leurs cours et tribunaux respectifs; et ils seront dénoncés, s'il y a lieu, au grand-juge ministre de la justice.

CHAPITRE IX.

Dispositions générales.

63. Les parens et alliés, jusqu'au degré d'oncle et neveu inclusivement, ne pourront être simultanément membres d'un même tribunal ou d'une même cour, soit comme juges, soit comme officiers d'un ministère public ou même comme grefliers, sans une dispense de l'Empereur. Il ne sera accordé aucune dispense pour les tribunaux composés de moins de huit juges.

En cas d'alliance survenue depuis la nomination, celui qui l'a contractée ne pourra continuer ses fonctions sans obtenir une dispense de S. M.

64. Nul ne pourra être juge ou suppléant d'un tribunal de première instance, ou procureur impérial, s'il n'est âgé de vingt-cinq ans accomplis, s'il n'est licencié en droit, et s'il n'a suivi le barreau pendant deux ans, après avoir prêté serment à la cour impériale, ou s'il ne se trouve dans un cas d'exception prévu par la loi.

Nul ne pourra être président, s'il n'a vingt-sept ans accomplis.

Les substituts des procureurs impériaux pourront être nommés lorsqu'ils auront atteint leur vingt-deuxième année, et s'ils réunissent les autres conditions requises.

65. Nul ne pourra être juge ou greffier dans une cour impériale, s'il n'a vingt-sept ans accomplis, et s'il ne réunit les conditions exigées par l'article précédent.

Nul ne pourra être président ou procureur général, s'il n'a trente ans accomplis.

Les substituts du procureur général pourront être nommés lorsqu'ils auront atteint leur vingt-cinquième année.

66. Toutes les dispositions contraires à la présente loi sont abrogées.

N.° III.   *Décret impérial contenant Réglement sur l'Or-*
ganisation et le Service des Cours impériales, des Cours
d'assises et des Cours spéciales; du 10 Juillet 1810.

NAPOLÉON, etc.

TITRE I.er
DES COURS IMPÉRIALES.

SECTION I.re
De la Formation des Cours impériales.

ART. I.er Notre cour impériale d'Ajaccio sera composée de vingt conseillers.

Nos cours impériales qui remplacent des cours d'appel composées d'une seule section, auront vingt-quatre conseillers ;

Celles qui remplacent des cours d'appel composées de deux sections, en auront trente ;

Celles de Bruxelles, Génes et Rennes en auront quarante ;

Celle de Paris en aura cinquante.

Tous les présidens sont compris dans les fixations ci-dessus.

Nous fixerons, par un décret particulier, le nombre des conseillers qui formeront la cour impériale de Rome.

2. Nos cours impériales composées de vingt-quatre conseillers au moins, formeront trois chambres, dont une

connaîtra des affaires civiles, une connaîtra des mises en accusation, et une connaîtra des appels en matière correctionnelle: ces deux dernières chambres ne pourront rendre arrêt qu'au nombre de cinq juges au moins.

Nous déclarerons, par un décret particulier, celles de nos cours dans lesquelles il serait nécessaire d'établir plus d'une chambre d'accusation.

3. Lorsque notre procureur général estimera qu'à raison de la gravité des circonstances dans lesquelles une affaire se présente, ou à raison du grand nombre des prévenus, il est convenable que le rapport qu'il doit faire en conséquence de l'article 218 du Code d'instruction criminelle, soit présenté à deux chambres d'accusation réunies, dans les cours où il y a plusieurs chambres d'accusation, ou à la chambre d'accusation dans les cours où il n'y en a qu'une, réunie à la chambre qui doit connaître des appels de police correctionnelle; lesdites chambres seront tenues de se réunir, sur l'invitation qui leur en sera faite par notre procureur général, après en avoir conféré avec le premier président: elles entendront le rapport, et délibéreront sur la mise en accusation, le tout dans les délais fixés par l'article 219 du Code d'instruction criminelle.

4. Les causes de police correctionnelle, dans les cas prévus par l'article 479 du Code d'instruction criminelle et par l'article 10 de la loi du 20 avril 1810, seront portées à la chambre civile, présidée par le premier président.

5. Il y aura deux chambres pour l'expédition des affaires civiles dans les cours composées de trente conseillers; il y en aura trois dans les cours composées de quarante conseillers ou plus.

6. Les présidens et conseillers feront alternativement le service dans toutes les chambres; ils auront respective

ment rang entre eux dans l'ordre de leur nomination: pour la première fois ce rang sera par nous déterminé.

7. Le premier président de nos cours impériales présidera les chambres assemblées et les audiences solennelles. Il présidera habituellement la première chambre civile; il présidera aussi les autres chambres, quand il le jugera convenable, et au moins une fois dans l'année.

Les audiences solennelles se tiendront dans la chambre présidée par le premier président : elles seront composées des deux chambres civiles; et, dans les cours où il y en aura trois, la seconde et la troisième feront alternativement le service des audiences solennelles.

Dans les cours impériales qui n'auront qu'une chambre civile, la chambre qui devra connaitre des appels en matière correctionnelle, pourra être requise par le premier président de faire le service aux audiences solennelles.

8. Les membres actuels de nos cours d'appel sont placés, pour la première fois, dans les chambres civiles de nos cours impériales.

Les conseillers qui seront appelés pour compléter ces cours, seront placés dans les chambres criminelles, et subsidiairement dans les chambres civiles.

En cas d'insuffisance des conseillers nouvellement nommés pour compléter les chambres criminelles, elles le seront par des membres actuels de nos cours d'appel; d'abord, par ceux desdits conseillers qui auront servi dans des cours criminelles; à leur défaut, par les conseillers derniers nommés.

9. Tous les membres des chambres civiles ou criminelles pourront être respectivement appelés, dans les cas de nécessité, pour le service d'une autre chambre.

10. Si le besoin du service exige que, pour l'expédition des affaires civiles, il soit formé une chambre

temporaire, elle sera composée de conseillers pris dans les autres chambres, ou de conseillers auditeurs.

La liste de ceux qui pourraient être choisis sera envoyée, par le premier président, à notre grand-juge; et, sur son rapport, nous nommerons les présidens et conseillers de la chambre temporaire.

Le même décret réglera le temps de la durée de cette chambre.

11. Lorsque, dans le cas de l'article précédent, le besoin d'une chambre temporaire ne sera pas reconnu, et qu'il y aura cependant des affaires civiles en retard, le premier président pourra faire un rôle des affaires sommaires, et les renvoyer à la chambre des appels en matière correctionnelle, qui sera tenue de donner, pour leur expédition, au moins deux audiences par semaine.

12. Lorsque le besoin du service exigera qu'il soit formé dans une cour impériale une section temporaire d'accusation, elle sera composée de cinq membres de cette cour, conseillers ou auditeurs, que nous désignerons sur la présentation de notre grand-juge.

Ils entreront en exercice à l'époque fixée par notre décret; ils seront installés par le premier président de la cour impériale. Ils ne pourront connaître des affaires dans lesquelles il y aurait eu, avant leur nomination, rapport, dénonciation, plainte, poursuite ou information d'office.

Les chambres temporaires seront dissoutes de plein droit, six mois après leur entrée en exercice.

SECTION II.

Des conseillers auditeurs.

13. Les conseillers auditeurs seront répartis, par le premier président, dans les différentes chambres de la cour; ils pourront aussi être délégués pour le service des

cours d'assises et spéciales, lorsqu'ils auront atteint l'âge prescrit pour avoir voix délibérative.

14. Les conseillers auditeurs qui ne seront pas attachés au service criminel, assisteront, soit à l'audience, soit à la chambre du conseil, à toutes les délibérations relatives aux jugemens des affaires civiles.

Ils auront voix délibérative à l'âge requis.

Lorsqu'ils n'auront pas atteint cet âge, ils ne pourront assister aux délibérations relatives à la discipline de la cour, que sur une invitation spéciale que le premier président leur aura faite, du consentement de notre procureur général.

SECTION III.

De l'Ordre de service dans les Cours impériales.

§. I.er

Service alternatif dans les Chambres et Sections.

15. Chaque année, le tiers des membres d'une chambre passera dans une autre chambre, dans l'ordre qui sera réglé par un décret particulier.

Le premier roulement s'effectuera au 1. Novembre 1813 : les conseillers qui devront quitter leur chambre, seront, pour la première fois, désignés par le sort; dans la suite, les plus anciens d'une chambre sortiront pour entrer dans l'autre.

16. Les conseillers qui auraient été chargés de quelques rapports dans une chambre civile, pourront, après le roulement effectué, assister à l'audience de cette chambre, pour y faire le rapport des affaires dont ils étaient chargés.

17. Les conseillers qui auraient été délégués pour un service aux cours d'assises ou spéciales, seront compris, pendant la durée de leur délégation, dans le roulement qui aura lieu chaque année.

A l'expiration des fonctions à eux déléguées, ils entreront dans les chambres auxquelles ils se trouveront respectivement appelés par le dernier roulement.

§. II.

De l'Ordre de service aux Audiences.

18. Les dispositions de notre décret du 3o Mars 1808, relatives à la tenue des audiences, à la distribution, à l'instruction et au jugement des causes dans les cours d'appel, continueront d'être exécutées dans les chambres civiles de la cour impériale.

19. Les chambres d'accusation et celles d'appel des jugemens de police correctionnelle ne pourront être appelées aux audiences solennelles qui, aux termes de l'article 22 de notre décret du 3o Mars 1808, doivent être tenues pour le jugement de certaines affaires civiles.

20. Toutefois elles pourront assister et seront convoquées aux audiences solennelles indiquées pour l'enregistrement des lettres de grâce ou de commutation de peine adressées aux cours impériales, sans qu'elles puissent connaître d'aucune autre affaire portée à ces audiences.

21. Dans la huitaine du jour de son installation, la cour impériale fera un réglement particulier pour l'ordre du service et la distribution des affaires dans les chambres criminelles.

Ce réglement sera délibéré par la cour, en présence de notre procureur général, qui l'adressera, avec ses observations, à notre grand-juge, pour y être définitivement statué par nous sur son rapport, notre Conseil d'état entendu.

Les dispositions de ce réglement seront provisoirement exécutées.

§. III.

De l'obligation de résider, et des Vacations.

22. Les membres des cours impériales sont tenus de résider dans la ville même où ils doivent exercer leurs fonctions.

23. Ceux délégués pour le service des cours d'assises et des cours spéciales, sont tenus de résider dans le lieu où elles se tiennent pendant toute la durée de leurs sessions.

24. Le premier président et les procureurs généraux ne pourront s'absenter plus de trois jours, sans avoir obtenu un congé de notre grand-juge.

Si l'absence doit se prolonger plus de quinze jours, notre grand-juge prendra nos ordres avant d'accorder le congé.

25. Les membres de la cour impériale ne pourront s'absenter plus de trois jours sans en avoir obtenu la permission du premier président, et sans un congé de notre grand-juge, si l'absence doit se prolonger un mois; et si l'absence doit se prolonger plus d'un mois, notre grand-juge prendra nos ordres avant d'accorder le congé.

26. Les avocats généraux et les substituts ne pourront s'absenter plus de trois jours sans la permission du procureur général, et sans un congé de notre grand-juge, si l'absence doit se prolonger un mois : si l'absence doit se prolonger plus d'un mois, notre grand-juge prendra nos ordres avant d'accorder le congé.

27. Les premiers présidens et procureurs généraux rendront compte, tous les trois mois, à notre grand-juge, des congés qu'ils auront accordés dans le dernier trimestre.

28. Les dispositions des précédens articles ne s'appliquent pas aux absences que pourront faire, pendant les vacations, les membres des cours impériales, lorsqu'ils ne seront pas employés à quelque service incom-

patible avec les vacations, ainsi qu'il sera dit dans les deux articles suivans.

Toutefois les membres des cours impériales ne pourront sortir du territoire de l'Empire, même pendant les vacations, sans une permission expresse du grand-juge.

29. Les chambres criminelles de la cour impériale n'ont point de vacances.

30. Les vacances ne pourront empêcher, retarder ni interrompre le service des cours d'assises et des cours spéciales.

31. Les chambres civiles vaqueront depuis le premier Septembre jusqu'au premier Novembre.

32. Il y aura une chambre des vacations pour l'expédition des affaires urgentes : le service de cette chambre se fera ainsi qu'il est prescrit par notre décret du 30 Mars 1808.

§. IV.

De la Rentrée des Cours impériales après les Vacations.

33. La rentrée des cours impériales se fera chaque année dans une audience solennelle à laquelle assisteront toutes les chambres.

34. Le procureur général, ou l'un des avocats généraux qu'il en aura chargé, prononcera un discours sur un sujet convenable à la circonstance ; il tracera aux avocats et aux avoués le tableau de leurs devoirs ; il exprimera ses regrets sur les pertes que le barreau aurait faites, dans le cours de l'année, de membres distingués par leur savoir, par leurs talens, par de longs et utiles travaux, et par une incorruptible probité.

35. Le premier président recevra ensuite le serment qui sera renouvelé par les avocats présens à l'audience.

§. V.

Du Rang des Membres de la Cour impériale entre eux.

36. Indépendamment de la liste de service dont la formation et le renouvellement annuel sont ordonnés par l'article 7 de notre décret du 30 Mars 1808, *) il sera tenu, dans la cour impériale, conformément à l'article 8 du même décret, une liste de rang sur laquelle tous les membres de la cour, du parquet et du greffe, seront inscrits dans l'ordre qui suit :

1. Le premier président ;

2. Les autres présidens de la cour, dans l'ordre de leur ancienneté comme présidens ;

3. Tous les conseillers, sans exception, dans l'ordre de leur ancienneté comme conseillers ;

4. Les conseillers auditeurs, dans l'ordre de leur réception.

Membres du parquet.

1. Le procureur général ;

2. Les avocats généraux, par ordre d'ancienneté de leur nomination ;

3. Les substituts de service au parquet, dans le même ordre.

Greffe.

Le greffier en chef ;

Les commis assermentés ;

A Paris, le greffier de la cour spéciale.

37. Seront au surplus exécutées, dans les cours impériales, les dispositions des articles 7 et 8 de notre décret du 30 mars 1808, relatives à la formation et à l'usage de la liste de service dans les cours d'appel.

---

*) Voyez ce décret page 615 du Code de procédure civile, à Cologne 1809 2ème. édit.

S. VI.

Des Présidens, et de leur Remplacement.

38. Les présidens de nos cours ne désigneront les parties dans le prononcé des arrêts, que par leurs noms et prénoms; ils pourront seulement ajouter les titres de prince, duc, comte, baron ou chevalier, qui auront été conférés par nous ou par nos successeurs, avec les grades aussi par nous conférés, et l'état et profession des parties.

Cette disposition est commune au ministère public portant la parole en notre nom.

39. Dans tous les cas où le premier président préside une cour ou chambre qui ne peut juger qu'à un nombre déterminé, le membre le moins ancien est tenu de se retirer, et le président de la cour ou chambre siége comme premier juge.

40. Si le premier président est dans le cas d'être suppléé, il sera remplacé ainsi qu'il suit :

Pour l'audience de la chambre que le premier président préside habituellement, il est suppléé par le second président de cette chambre, et à son défaut par le plus ancien des conseillers;

Dans tous les autres cas, le premier président est remplacé par le plus ancien des présidens.

41. Tous les autres présidens des chambres civiles ou criminelles sont remplacés, en cas d'absence ou empêchement, par le plus ancien des conseillers présens de leur chambre.

SECTION IV.

Du Ministère public.

42. Toutes les fonctions du ministère public sont spécialement et personnellement confiées à nos procureurs généraux.

Les avocats généraux et les substituts ne participent à l'exercice de ces fonctions que sous la direction des procureurs généraux.

43. Notre procureur général porte la parole aux chambres assemblées et aux audiences solennelles, et la porte aussi aux audiences des chambres, quand il le juge convenable.

44. Les avocats généraux sont spécialement chargés de porter la parole au nom du procureur général, aux audiences civiles ou criminelles de la cour impériale : le procureur général les attache à la chambre à laquelle il croit leur service le plus utile.

45. Les substituts de service au parquet sont spécialement chargés, sous la direction immédiate du procureur général, de l'examen et des rapports sur les mises en accusation ; ils rédigent les actes d'accusation, et assistent le procureur général dans toutes les parties du service intérieur du parquet.

46. Il y aura, dans chaque cour impériale, autant d'avocats généraux que de chambres civiles, et un avocat général pour la chambre chargée de juger les appels de police correctionnelle.

Le plus ancien des avocats généraux prendra le titre de premier avocat général.

47. Il y aura à Paris six substituts pour le service du parquet ; trois dans les cours de Bruxelles, Gênes et Rennes ; deux dans les autres cours, excepté celle d'Ajaccio, où il n'y en aura qu'un.

48. Dans les causes importantes et ardues, les avocats généraux communiqueront au procureur général les conclusions qu'ils se proposent de donner : ils feront aussi cette communication dans toutes les affaires dont le procureur général voudra prendre connaissance.

Si le procureur général et l'avocat général ne sont pas d'accord, l'affaire sera rapportée par l'avocat général à l'assemblée générale du parquet, et les conclusions seront prises à l'audience, conformément à ce qui aura été arrêté à la majorité des voix.

49. En cas de partage, l'avis du procureur général prévaudra; le procureur général pourra aussi, lorsque son avis n'aura pas prévalu au parquet, porter lui-même la parole à l'audience, et conclure d'après son opinion personnelle.

50. Dans les cas d'absence ou empêchement du procureur général, il est remplacé par le plus ancien des avocats généraux, soit pour porter la parole, soit pour les autres actes du ministère public.

51. Les avocats généraux absens ou empêchés sont remplacés par des substituts de service au parquet, ou par des conseillers auditeurs nommés à cet effet par notre procureur général.

52. En cas d'absence ou empêchement des substituts, le service du parquet est fait par les avocats généraux, ou par des conseillers auditeurs désignés à cet effet par notre procureur général.

53. Seront au surplus exécutées dans nos cours impériales, en tout ce qui n'est pas contraire aux dispositions du présent décret, celles du titre III de notre décret du 30 Mars 1808, relatives aux droits et aux devoirs des officiers du ministère public près les cours d'appel.

SECTION V.

Des Greffiers des Cours impériales.

54. Il y aura dans chaque cour impériale un greffier qui prendra le titre de greffier en chef.

55. Le greffier en chef présentera et fera admettre au serment le nombre de commis greffiers nécessaire pour le service de la cour impériale.

56. Le greffier en chef tiendra la plume aux assemblées générales de la cour, aux audiences solennelles, et aux audiences des chambres civile et criminelle.

57. Il pourra se faire suppléer par ses commis assermentés pour le service particulier de chaque chambre, et même, en cas d'empêchement, aux assemblées des chambres et aux audiences solennelles.

58. Les commis assermentés seront avertis ou réprimandés, s'il y a lieu, par le premier président ou par le procureur général.

Après une seconde réprimande, la cour peut, sur la réquisition du ministère public, et après avoir entendu le commis-greffier inculpé, ou lui dûment appelé, ordonner qu'il cessera ses fonctions sur-le-champ; et le greffier en chef sera tenu de le faire remplacer dans le délai qui aura été fixé par la cour.

59. Le greffier en chef est responsable solidairement de toutes amendes, restitutions, dépens et dommages-intérêts résultant des contraventions, délits ou crimes dont ses commis se seraient rendus coupables dans l'exercice de leurs fonctions; sauf son recours contre eux, ainsi que de droit.

60. Les dispositions du titre IV de notre décret du 30 mars 1808, relatives aux greffiers des cours d'appel, recevront leur exécution dans les cours impériales.

SECTION VI.

Des Assemblées des Chambres.

61. Les chambres de nos cours impériales ne pourront se réunir que sur une convocation de notre premier président.

62. Notre premier président convoquera l'assemblée des chambres quand il le jugera convenable, soit pour délibérer sur des objets d'un intérêt commun à toutes les

chambres de la cour, soit pour s'occuper d'affaires d'ordre public dans le cercle des attributions des cours impériales.

63. Le premier président convoquera aussi les chambres, sur la demande qui en sera faite par l'une d'elles. Il les convoquera pareillement sur un réquisitoire motivé de notre procureur général. La convocation sera faite dans les trois jours du réquisitoire.

64. Lorsqu'un membre de nos cours voudra faire une dénonciation sur quelque objet d'ordre public de la compétence des cours impériales, il sera tenu d'en faire part au premier président, qui fera la convocation s'il le juge convenable.

65. Si notre premier président n'a pas jugé nécessaire de convoquer les chambres, celui qui voulait faire une dénonciation peut instruire sa chambre de l'objet qu'il se proposait de dénoncer; et si, après en avoir délibéré, la chambre demande l'assemblée, le premier président est tenu de l'accorder. Dans aucun cas les assemblées des chambres ne pourront empêcher ni suspendre le service des audiences.

66. Lorsque l'assemblée sera formée, le procureur général y sera appelé, et y assistera.

67. Toutes les fois qu'il y aura convocation de chambres, le premier président en instruira le grand-juge, ainsi que de l'objet dont la cour impériale devra s'occuper.

68. Le premier président ne permettra pas qu'il soit mis en délibération d'autre objet que celui pour lequel la convocation aura été faite.

69. Dans tous les cas, le résultat de l'assemblée des deux chambres sera envoyé au grand-juge par le premier président.

SECTION VII.
De l'Installation des Cours impériales.

70. Le jour de l'installation de chaque cour impériale sera fixé par un décret particulier.

71. Tous les membres de la cour impériale seront tenus de se trouver, revêtus de la robe rouge, au jour et à l'heure qui auront été indiqués, dans la salle des audiences solennelles de la cour.

72. L'installation sera faite, à Paris, par notre grand-juge, et, dans les autres cours, par des commissaires que nous aurons nommés à cet effet, et qui seront pris parmi les sénateurs ou les conseillers d'état.

73. Le commissaire recevra de tous les membres de la cour individuellement le serment prescrit par les constitutions de l'Empire.

74. Après la prestation de serment, le commissaire déclarera que la cour est légalement constituée.

75. Le procès-verbal de la séance sera transmis à notre grand-juge par notre procureur général.

76. Le procès-verbal sera envoyé à tous les tribunaux de première instance du ressort, pour être lu et enregistré, à la diligence de notre procureur général et de nos procureurs impériaux.

Extrait de ce procès-verbal sera publié par affiches dans tous les chefs-lieux d'arrondissement et chefs-lieux de canton : il en sera fait une annonce dans les journaux du département du ressort.

SECTION VIII.

Des Magistrats qui se retirent après trente ans d'exercice, et des Magistrats qui meurent dans l'exercice de leurs fonctions.

77. Après trente ans d'exercice, les présidens et conseillers de la cour impériale qui auront bien mérité dans l'exercice de leurs fonctions, pourront se retirer avec le titre de président ou de conseiller honoraire, lorsque nous leur aurons fait expédier nos lettres pour ce nécessaires : ils continueront de jouir des honneurs et priviléges atta-

chés à leur état ; ils pourront assister, avec voix délibérative, aux assemblées de chambres et aux audiences solennelles. Nous nous réservons, en outre, de leur donner, suivant les circonstances, des marques particulières de notre bienveillance.

78. Les portraits des magistrats de nos cours impériales morts dans l'exercice de leurs fonctions, après s'être illustrés par un profond savoir, par une pratique constante des vertus de leur état, et par des actes notables de courage et de dévouement, pourront être placés dans l'une des salles d'audience, en vertu d'un décret émané de nous, sur le rapport de notre grand-juge, notre Conseil d'état entendu.

Ce décret ne pourra être rendu que trois ans après la mort du magistrat.

TITRE II.
DES COURS D'ASSISES.

79. Lorsque les nominations des présidens des cours d'assises, qui doivent être tenues tous les trois mois, conformément à l'article 259 du Code d'instruction criminelle, n'auront pas été faites par notre grand-juge pendant la durée d'une assise, pour le trimestre suivant, le premier président de la cour impériale fera ladite nomination dans la huitaine du jour de la clôture de l'assise.

80. La nomination du grand-juge, ou, à son défaut, la nomination faite par le premier président, sera déclarée par une ordonnance du premier président, qui contiendra toujours l'époque fixe de l'ouverture de l'assise ; cette ordonnance sera publiée au plus tard le dixième jour qui suivra la clôture de l'assise.

81. Dans les cas prévus par l'article 250 du Code d'instruction criminelle, d'une tenue extraordinaire d'assises, les présidens de la dernière assise sont nommés de droit pour présider l'assise extraordinaire.

En cas de décès ou empêchement légitime, le président de l'assise sera remplacé à l'instant où la nécessité de la tenue de l'assise extraordinaire sera connue: le remplacement sera fait par le premier président. L'ordonnance de remplacement contiendra l'époque fixe de l'ouverture de cette assise.

82. La nomination des conseillers ou des conseillers auditeurs qui devront tenir les assises dans le département où siége la cour impériale, celles autorisées par les articles 254 et 256 du Code d'instruction criminelle, pour compléter le nombre des juges de la cour d'assises dans les autres départemens, seront faites de la manière et à l'époque ci-dessus déterminées pour les nominations des présidens.

83. Dans la huitaine de l'installation de la cour impériale, les époques de la tenue des assises dans tout le ressort, pendant le premier trimestre, seront fixées par arrêt rendu, les chambres assemblées, sur les conclusions du procureur général. Cet arrêt sera envoyé, à la diligence de nos procureurs généraux, à tous les tribunaux de première instance du ressort de la cour. Lecture en sera faite, dans les trois jours de sa réception, à l'audience publique, sur la réquisition du procureur impérial: cet arrêt sera annoncé dans les journaux des départemens, et affiché dans tous les chefs-lieux d'arrondissement et siéges des tribunaux de première instance.

84. Les membres de la chambre qui prononce sur les appels de police correctionnelle, sont nommés de droit pour la tenue de la première assise du département où siége la cour impériale.

Cette assise se tiendra dans le mois de l'installation de cette cour.

85. Le deuxième et le troisième conseiller de la même chambre sont nommés de droit pour présider les assises

des départemens, qui devront se tenir dans le premier ou dans le second mois de ladite installation. Ils seront remplacés, en cas d'empêchement légitime, par des conseillers des chambres civiles, en suivant l'ordre du tableau, et prenant alternativement dans chaque chambre, s'il y en a plusieurs.

86. Les présidens des assises qui devront se tenir dans le troisième mois, seront nommés dans la première quinzaine de l'installation: si le grand-juge n'a pas usé de son droit dans la première huitaine, le premier président sera tenu de faire la nomination dans la seconde huitaine.

87. Si, dans les deux premiers mois de l'installation, il devait se tenir des assises dans plus de deux départemens du ressort de la cour impériale, le quatrième et le cinquième conseiller de la chambre des appels de police correctionnelle en seraient de droit les présidens.

88. L'ordonnance portant nomination des présidens et des conseillers ou des auditeurs délégués pour la tenue des assises, et fixation du jour de l'ouverture des séances de la cour d'assises, sera envoyée, à la diligence des procureurs généraux, aux tribunaux de première instance de la cour d'assises; elle sera publiée, dans les trois jours de sa réception, à l'audience publique, sur la réquisition du procureur impérial.

89. L'annonce de cette ordonnance sera faite dans les journaux du département où siége la cour d'assises; elle sera affichée dans les chefs-lieux d'arrondissement et siéges des tribunaux de première instance.

90. Les assises ne pourront être convoquées pour un lieu autre que celui où elles doivent se tenir habituellement, qu'en vertu d'un arrêt rendu dans l'assemblée des chambres de la cour, sur la requête de notre procureur général.

Cet arrêt sera lu, publié, affiché, ainsi qu'il est dit ci-dessus pour l'arrêt qui doit fixer l'époque de la tenue des assises pendant le premier trimestre de l'installation.

91. Si, vingt-quatre heures après l'arrivée d'un accusé dans la maison de justice, le président des assises n'est pas sur les lieux, et qu'il n'y ait point de juge par lui délégué, conformément à l'article 293 du Code d'instruction criminelle, pour interroger les accusés, il sera procédé à l'interrogatoire par le président du tribunal de première instance, ou par un juge qu'il aura commis à cet effet.

92. Les cours d'assises ne pourront rendre arrêt qu'au nombre complet de cinq juges.

93. Dans les lieux où réside la cour impériale, la chambre civile que préside le premier président, se réunira à la cour d'assises pour le débat et le jugement d'une affaire, lorsque notre procureur général, à raison de la gravité des circonstances, en aura fait la réquisition aux chambres assemblées, et qu'il sera intervenu arrêt conforme à ses conclusions.

94. Dans l'île d'Elbe, les fonctions de procureur impérial criminel seront remplies par le procureur impérial du tribunal de première instance.

95. Les présidens des cours d'assises, dans les lieux autres que ceux où siége la cour impériale, auront à leur porte une garde d'honneur.

Il en sera de même pour le procureur général de la cour, lorsqu'il jugera convenable de faire le service des assises.

96. Il sera préparé, dans les villes où siégeront habituellement les cours d'assises, un hôtel convenable pour le logement du président, des conseillers ou auditeurs qui pourront être délégués pour l'assister, et pour celui du procureur général, de l'avocat général, ou du substitut qu'il aurait délégué.

Notre ministre de l'intérieur nous fera incessamment un rapport sur les moyens de pourvoir à l'acquisition et à l'entretien tant des bâtimens que du mobilier qui devront être spécialement affectés à cet usage.

97. Les conseillers de la cour impériale et les conseillers auditeurs qui seront délégués aux assises, prendront rang et séance avant tous les membres du tribunal de première instance.

Les juges auditeurs qui pourraient être délégués pour le même service, prendront rang avec les juges de première instance, dans l'ordre de leur réception, mais toujours après le président du tribunal de première instance.

Le même ordre sera observé dans les cérémonies publiques.

Le procureur impérial criminel y aura la préséance sur le procureur impérial de première instance.

TITRE III.

DES COURS SPÉCIALES.

S. I.er

Des Cours spéciales ordinaires.

98. Notre ministre de la guerre transmettra tous les ans, avant la fin du mois de septembre, à notre grand-juge ministre de la justice, une liste de six officiers de gendarmerie par chaque département, ayant l'âge requis pour faire les fonctions de juge dans les cours impériales.

La première transmission des listes sera faite au mois de septembre de la présente année 1810.

99. A défaut d'un nombre suffisant d'officiers de gendarmerie pour remplir dans chacune des cours spéciales trois places de juges et trois places de suppléans, ce nombre

pourra être complété par des officiers de nos troupes de ligne ayant au moins le grade de capitaine.

100· Les juges militaires des cours spéciales et leurs suppléans seront toujours rééligibles.

101. Dans les départemens où siége la cour impériale, à l'exception de Paris, la cour spéciale sera composée des membres de la cour d'assises réunis aux trois juges militaires que nous aurons nommés à cet effet.

Les fonctions du ministère public seront remplies, dans les cours spéciales des départemens où siége la cour impériale, par un avocat général; à son défaut, par un substitut de service au parquet; subsidiairement par un conseiller auditeur ayant l'âge requis, qui aura été désigné par le procureur général.

102. Si le procureur impérial criminel près les cours spéciales des départemens autres que celui où siége la cour impériale, est empêché de remplir ses fonctions, il sera remplacé par le procureur impérial du tribunal de première instance, ainsi qu'il se pratique pour les cours d'assises, conformément à l'article 288 du Code d'instruction criminelle.

103. Les cours spéciales ne pourront juger qu'au nombre de six ou de huit juges : s'il ne se trouve que sept juges à l'audience, le dernier dans l'ordre qui sera ci-après déterminé, devra s'abtenir.

104. Les juges militaires des cours spéciales siègeront immédiatement après le dernier juge civil. Ils prendront rang entre eux suivant leur grade : à égalité de grade, ils prendront rang dans l'ordre d'ancienneté comme juges.

Le même ordre sera observé dans les cérémonies publiques.

105. Les cours spéciales ouvriront leur session le surlendemain de la clôture des assises : elles pourront être convoquées extraordinairement, s'il est nécessaire.

Dans ce dernier cas, les membres de la dernière cour spéciale sont de droit membres de la session ainsi convoquée.

106. Lorsqu'il y aura lieu de convoquer la cour spéciale avant l'époque ordinaire, la convocation sera faite par arrêt rendu, les chambres assemblées, sur la réquisition de notre procureur général.

L'arrêt sera envoyé, lu, affiché, annoncé dans les journaux, ainsi qu'il est prescrit pour la convocation des cours d'assises.

S. II.

Des Cours spéciales extraordinaires.

107. Dans la huitaine du jour de la publication du décret qui ordonne la formation d'une cour spéciale extraordinaire, le président et les conseillers qui devront la composer, seront nommés, conformément à l'art. 25 de la loi sur l'organisation de l'ordre judiciaire et l'administration de la justice.

Si, dans les trois jours de la publication du décret qui ordonne la formation de la cour spéciale extraordinaire, notre grand-juge n'en a pas nommé les membres, le premier président de la cour fera cette nomination avant l'expiration de la huitaine du jour de la publication.

108. Si, à l'époque de l'installation de nos cours impériales, le jury n'existe pas dans quelques départemens de leur ressort, la cour nommera, dans la huitaine de son installation, une cour spéciale extraordinaire qui devra remplacer le jury dans ces départemens, conformément à l'article 27 de la loi sur l'organisation judiciaire.

La cour spéciale extraordinaire tiendra, dans ce cas, ses séances dans le lieu où siége la cour impériale, sauf à se transporter dans un autre lieu, s'il est ordonné par le grand-juge, conformément à l'article 30 de la loi sur l'organisation judiciaire.

§. III.

Du Greffier de la Cour spéciale de Paris.

109. Le greffier qui sera nommé par nous pour la cour spéciale de Paris, présentera et fera admettre au serment les commis nécessaires pour le service de ladite cour.

110. Ces commis pourront être réprimandés, et devront être remplacés, ainsi qu'il est dit, pour les commis-greffiers de la cour impériale, par l'article 58 ci-dessus.

111. Le greffier de la cour spéciale de Paris est responsable des faits de ses commis-greffiers dans les cas prévus par l'article 59 du présent décret.

TITRE IV.

Des Officiers ministériels des Cours impériales, d'assises et spéciales.

§. I.er

Des Avoués.

112. Les avoués immatriculés aux cours d'appel exerceront exclusivement leur ministère près les cours impériales.

113. Dans les lieux où il n'y a point de cour impériale, les avoués immatriculés au tribunal de première instance pourront exercer leur ministère près la cour d'assises ou spéciale qui tiendra ses séances au chef-lieu de ce tribunal.

Les avoués qui n'auront été reçus que dans une cour criminelle, pourront exercer leur ministère près la cour d'assises ou la cour spéciale; mais ils seront tenus de se faire immatriculer au tribunal de première instance du lieu, s'il y a un tribunal, et ils pourront postuler et faire tous actes de leur ministère, concurremment avec les avoués de ce tribunal.

114. Notre grand-juge ministre de la justice, après avoir pris l'avis des cours impériales, nous proposera une nouvelle fixation du nombre d'avoués nécessaire pour le service de chaque cour impériale et de chaque tribunal de première instance.

115. A l'avenir, nul ne pourra être nommé avoué près la cour impériale, s'il n'est âgé de vingt-cinq ans accomplis, et si, indépendamment du cours d'étude prescrit par l'art. 25 de la loi du 22 ventôse an XII, relative aux écoles de droit, il ne justifie de cinq années de cléricature chez un avoué.

§. II.

Des Huissiers.

116. Dans les lieux où il y a une cour d'appel et une cour de justice criminelle, les huissiers immatriculés dans l'une ou l'autre de ces cours, seront exclusivement chargés, 1.º du service personnel près la cour impériale, 2.º des significations d'avoué à avoué près la même cour, 3.º des exploits en matière criminelle.

Ils pourront instrumenter, en matière civile, concurremment avec les huissiers du tribunal de première instance, et dans l'étendue du ressort de ce tribunal.

Cependant ceux qui seront spécialement chargés du service criminel, ne pourront instrumenter hors du canton de leur résidence, sans un mandement exprès de notre procureur général.

117. Dans les lieux où il n'y a point de cour d'appel, les huissiers attachés aux cours de justice criminelle seront exclusivement chargés du service personnel près la cour d'assises et la cour spéciale, ainsi que de tous exploits en matière criminelle. Ils seront tenus de se

faire immatriculer au tribunal de première instance ; et ils pourront instrumenter, en matière civile, concurremment avec les huissiers de ce tribunal, mais dans l'étendue seulement du canton de leur résidence.

118. A l'avenir, les huisssiers qui devront faire le service près les cours d'assises et les cours spéciales des départemens autres que celui où siége la cour impériale, seront désignés par le procureur impérial criminel, de concert avec le président, parmi les huissiers du tribunal de première instance. En cas de dissentiment, il en sera référé au procureur général : jusqu'à ce qu'il ait statué, les huissiers désignés par le procureur impérial criminel, seront tenus de faire le service près la cour d'assises et spéciale, ainsi que tous exploits en matière criminelle.

119. Seront, au surplus, exécutées les dispositions du titre V de notre décret du 30 mars 1808, concernant les huissiers audienciers de nos cours.

120. Notre grand-juge, après avoir pris l'avis de nos cours impériales, nous proposera une nouvelle fixation du nombre des huissiers nécessaires pour le service de chaque cour impériale.

121. A l'avenir, nul ne pourra être nommé huissier, s'il n'est âgé de vingt-cinq ans accomplis.

122. Ne pourront également être nommés huissiers, ceux qui n'auront pas travaillé au moins pendant une année dans l'étude d'un notaire ou d'un avoué, ou pendant deux ans chez un huissier.

123. Nos ministres sont chargés, chacun en ce qui le concerne, de l'exécution du présent décret, qui sera inséré au Bulletin des lois.

N.º IV. *Décret impérial contenant Règlement sur l'Organisation des Tribunaux de première instance et des Tribunaux de police.*

Au palais de Saint-Cloud, le 18 Août 1810.

TITRE I.ᵉʳ

Des Tribunaux de première instance.

SECTION I.ʳᵉ

Du nombre des Juges, et de leur division en Chambres.

Art. I.ᵉʳ. Nos tribunaux de première instance seront, y compris les présidens, vice-présidens et juges d'instruction, composés du nombre de juges fixé par le tableau joint au présent décret, n.º I.ᵉʳ

2. Les tribunaux composés de trois ou quatre juges, et ne formant qu'une chambre, auront de plus trois suppléans.

3. Les tribunaux de première instance composés de sept, huit, neuf ou dix juges, se diviseront en deux chambres, dont l'une connaîtra principalement des matières civiles, et l'autre des affaires de police correctionnelle.

Il sera attaché à chacun d'eux quatre suppléans.

4. Ceux d'entre lesdits tribunaux qui seront composés de douze juges, se diviseront en trois chambres, dont deux connaîtront des matières civiles, et la troisième des affaires de police correctionnelle.

Ils auront six suppléans.

5. Le tribunal de première instance du département de la Seine se divisera en six chambres, dont cinq connaîtront des matières civiles, et une sixième des affaires de police correctionnelle.

L'une des chambres civiles sera plus spécialement chargée des matières sommaires, et de la connaissance des contestations relatives aux contributions indirectes,

6. Les juges des tribunaux de première instance divisés en deux ou trois chambres, seront répartis dans ces chambres, de telle manière qu'il n'y ait pas moins de trois ni plus de six juges dans chaque chambre.

Au tribunal de première instance du département de la Seine, chaque chambre sera composée de six juges et deux suppléans.

7. Les suppléans seront spécialement attachés à chaque chambre, sans qu'ils soient dispensés de faire, s'il y a lieu, le service dans une autre chambre. Ils seront compris dans le roulement des juges d'une chambre à l'autre.

8. Dans les tribunaux divisés en plusieurs chambres, il y aura un vice-président pour chaque chambre autre que celle qui sera présidée habituellement par le président du tribunal,

A Paris, il y aura autant de vice-présidens que de chambres.

9. La chambre de police correctionnelle connaîtra des appels des jugemens rendus par les tribunaux de simple police.

10. Les appels des jugemens rendus, en matière correctionnelle, par les tribunaux de première instance siégeant dans les chefs-lieux judiciaires des départemens, seront portés aux cours et tribunaux désignés dans le tableau joint au présent décret, n.° II.

SECTION II.

Des Juges d'instruction.

11. Il y aura un juge d'instruction près chaque tribunal de première instance composé d'une ou deux chambres.

Il y en aura deux près les tribunaux divisés en trois chambres.

Il y en aura six à Paris.

12. Il ne pourra jamais y avoir plus d'un juge d'instruction dans la même chambre.

13. Le juge d'instruction fera les rapports dont il est chargé par le Code d'instruction criminelle, à la chambre à laquelle il sera attaché, sauf ce qui sera dit à l'article 36 ci-après.

SECTION III.
Des Juges auditeurs.

14. Dans les tribunaux composés de trois juges, y compris le président, et près desquels notre grand-juge aurait envoyé des juges auditeurs, conformément à l'article 13 de la loi du 20 avril 1810, ces auditeurs, s'ils ont l'âge requis pour avoir voix délibérative, seront appelés avant les suppléans pour remplacer les juges, en cas d'absence ou autre empêchement.

15. Les juges auditeurs porteront le même costume que les juges.

SECTION IV.
Du Ministère public.

16. Ailleurs qu'à Paris où la loi du 20 avril 1810 établit douze substituts du procureur impérial, nos procureurs impériaux dans nos tribunaux de première instance auront le nombre de substituts ci-après déterminé; savoir :

Quatre dans les tribunaux divisés en trois chambres;

Deux dans les tribunaux divisés en deux chambres;

Un dans les autres tribunaux, excepté celui de l'île d'Elbe, où le procureur impérial n'aura point de substitut.

17. Les procureurs impériaux qui auront quatre substituts, pourront en désigner spécialement deux pour remplir les fonctions d'officier de police judiciaire.

Notre procureur impérial à Paris déléguera ces fonctions à six de ses substituts.

Les substituts ainsi délégués seront tenus, comme l'ont été les magistrats de sûreté supprimés, de résider chacun dans un arrondissement particulier de la ville où siégera le tribunal de première instance, et qui leur sera assigné par le procureur impérial : néanmoins leurs pouvoirs, comme officiers de police judiciaire, ne seront point circonscrits dans cet arrondissement, qui indiquera seulement les termes dans lesquels chacun d'eux sera plus spécialement astreint à un exercice constant et régulier de ses fonctions.

18. Les procureurs impériaux qui auront deux substituts, pourront aussi en charger un spécialement des fonctions d'officier de police judiciaire.

19. Le procureur impérial sera toujours le maître de changer la destination qu'il aura donnée à ses substituts. Il pourra aussi, toutes les fois qu'il le jugera convenable, remplir lui-même les fonctions qu'il leur aura spécialement déléguées : le tout sans préjudice des autres dispositions du titre III de notre décret du 30 mars 1808 relatives aux droits et aux devoirs des officiers du ministère public dans les tribunaux de première instance.

20. En cas d'absence ou d'empêchement d'un procureur impérial ayant plusieurs substituts, il sera suppléé par le plus ancien de ceux qui ne seront point chargés spécialement des fonctions d'officier de police judiciaire : et en cas d'empêchement des substituts eux-mêmes, par un juge ou un suppléant désigné par le tribunal.

21. Les procureurs impériaux qui n'auront qu'un seul substitut, seront aussi, en cas d'absence ou d'empêchement, suppléés par ce substitut, et, à son défaut, par un juge ou par un auditeur, s'il y en a près du tri-

bunal, ayant l'âge de vingt-deux ans, ou enfin par un suppléant.

22. En cas d'absence ou d'empêchement de l'un des substituts chargés spécialement des fonctions d'officier de police judiciaire dans le ressort d'un même tribunal, il sera suppléé par le substitut chargé des mêmes fonctions dans la partie la plus voisine de son quartier ou de sa résidence; et à défaut de celui-ci, par un autre substitut que le procureur impérial commettra pour cet effet, s'il ne juge à propos de remplir lui-même lesdites fonctions.

23. Les substituts de service au parquet ou à l'audience, seront suppléés, s'il y a lieu, comme il est dit aux articles 20 et 21.

SECTION V.
Des Greffiers.

24. Les greffiers de nos tribunaux de première instance seront tenus de présenter au tribunal, et de faire admettre au serment, le nombre de commis-greffiers nécessaire pour le service.

25. Le greffier pourra se faire suppléer auprès des juges d'instruction, ainsi qu'aux audiences tant du tribunal de première instance que des cours d'assises et des cours spéciales, par ses commis-greffiers assermentés.

Il se conformera, au surplus, aux dispositions du titre IV de notre décret du 30 mars 1808.

26. Le président du tribunal et le procureur impérial pourront, s'il y a lieu, avertir ou réprimander les commis assermentés.

Après une seconde réprimande, le tribunal pourra, sur la réquisition du ministère public, et après avoir entendu le commis-greffier inculpé, ou lui dûment appelé, ordonner qu'il cessera ses fonctions sur-le-champ;

et le greffier sera tenu de le faire remplacer dans le délai qui aura été fixé par le tribunal.

27. Le greffier est solidairement responsable des
amendes, restitutions, dépens et dommages-intérêts, résultant des contraventions, délits ou crimes dont ses
commis se seraient rendus coupables dans l'exercice de
leurs fonctions; sauf son recours contre eux, ainsi que
de droit.

SECTION VI.
Du Rang des Membres des Tribunaux de première instance entre eux.

28. Indépendamment de la liste de service ordonnée
par notre décret du 30 mars 1808, il sera tenu une liste
de rang sur laquelle les membres de nos tribunaux de
première instance seront inscrits dans l'ordre qui suit :

Le président du tribunal ;

Les vice-présidens, dans l'ordre de leur ancienneté
comme vice-présidens;

Les juges, dans l'ordre des réceptions;

Les suppléans, dans le même ordre.

Dans les tribunaux composés de trois juges, et près
desquels notre grand-juge aura envoyé des auditeurs, ils
seront, dans l'ordre de leurs réceptions, inscrits immédiatement après les juges.

Membres du Parquet.

Le procureur impérial ;

Les substituts du procureur impérial, dans l'ordre des
réceptions.

Greffe.

Le greffier ;
Ses commis assermentés.

SECTION VII.

De la Résidence et des Congés.

29. Les membres de nos tribunaux de première instance sont tenus de résider dans la ville même où siége le tribunal dont ils font partie, à l'exception toutefois des juges suppléans qui pourront résider hors ladite ville, pourvu qu'ils demeurent dans le canton.

30. Les vice-présidens, juges, auditeurs et substituts ne peuvent s'absenter pour un temps moindre de huit jours sans en avoir obtenu la permission; savoir, les vice-présidens, juges et auditeurs, du président du tribunal, et les substituts, du procureur impérial.

S'il s'agit d'une absence de plus de huit jours et de moins d'un mois, les premiers devront se pourvoir d'une permission du premier président de la cour impériale, et les seconds de celle de notre procureur général.

Les uns et les autres ne pourront s'absenter plus d'un mois sans un congé de notre grand-juge.

31. Les présidens et procureurs impériaux ne pourront également s'absenter plus de trois jours et moins d'un mois, sans en avoir obtenu, les premiers, la permission du premier président de la cour impériale, et les seconds celle de notre procureur général.

Si leur absence doit se prolonger au-delà d'un mois, elle devra être autorisée par le grand-juge.

32. Nos premiers présidens et procureurs généraux rendront compte, tous les trois mois, à notre grand-juge, des congés qu'ils auront accordés dans le dernier trimestre.

33. Les dispositions des précédens articles ne s'appliquent pas aux absences que pourront faire, pendant les vacations, les membres des tribunaux de première instance, lorsqu'ils ne seront pas employés à quelques services incompatibles avec les vacations.

Toutefois ils ne pourront sortir du territoire de l'Empire, même pendant les vacations, sans une permission expresse du grand-juge.

SECTION VIII.
Du Service et des Vacations.

34. L'ordre du service continuera, sauf les modifications résultant du présent décret, à se faire dans nos tribunaux de première instance, conformément au titre II de notre décret du 30 mars 1808; et au tribunal de première instance du département de la Seine, d'après les dispositions réglementaires qui ont été spécialement établies pour le service de ce tribunal.

35. Dans les tribunaux divisés en plusieurs chambres, chacune d'elles pourvoira d'abord à l'expédition des affaires qui lui sont principalement attribuées.

Dans le cas où, par suite de leurs attributions respectives, quelques-unes de ces chambres seraient surchargées et les autres non occupées suffisamment, le président du tribunal pourra déléguer à celles-ci, sur la réquisition du procureur impérial, partie des affaires attribuées aux autres chambres.

36. Les chambres de service pour les matières correctionnelles n'auront point de vacances; il en sera de même des juges d'instruction.

Lorsque ceux-ci appartiendront à une chambre qui vaquera, ils feront leurs rapports à la chambre des vacations.

37. Les chambres chargées des affaires civiles vaqueront depuis le 1er. septembre jusqu'au 1er. novembre.

On observera, au surplus, pour la chambre des vacations, ce qui est réglé par notre décret du 30 mars 1808.

TITRE II.

Des Tribunaux de simple police.

38. Dans les villes de Rome, Bordeaux, Florence, Gênes, Lyon, Marseille, Nantes, Rouen et Turin, le tribunal de police sera divisé en deux chambres.

A Paris, le tribunal de police sera divisé en trois chambres.

39. Dans ces villes et dans les autres communes qui renferment aussi plusieurs justices de paix, les juges de paix feront le service tour-à-tour pendant trois mois, à commencer par le plus ancien dans l'ordre des nominations; et, s'ils ont été nommés le même jour, par le plus ancien d'âge.

40. Le greffier du tribunal de police de Paris aura deux commis assermentés au moins; les greffiers des autres tribunaux de police divisés en deux chambres, auront un commis assermenté.

Dispositions générales.

41. Toutes les dispositions de notre décret du 30 mars 1808 auxquelles il n'est point dérogé par le présent décret, continueront d'être observées en ce qui regarde tant nos tribunaux de première instance que les avoués et huissiers exerçant près d'eux.

42. Notre grand-juge ministre de la justice est chargé de l'exécution du présent décret, qui sera inséré au Bulletin des lois.

Nro. 5. *Décret impérial, portant création de Tribunaux chargés de la Répression de la Fraude et Contrebande en matière de Douanes, et contenant diverses dispositions relatives aux Saisies et à l'Emploi des Marchandises de contrebande ; du 18 Octobre 1810.*

TITRE I.er

De l'Établissement, jusqu'à la Paix générale, de Tribunaux chargés de la Répression de la Fraude et Contrebande en matière de Douanes.

SECTION Iere.

Des Cours prévôtales des Douanes.

Art. 1er. Il sera établi, jusqu'à la paix générale, des cours prévôtales des douanes, dans les lieux et avec les arrondissemens déterminés dans l'état annexé au présent.

2. Ces cours seront composées d'un président grand-prévôt des douanes, de huit assesseurs au moins, d'un procureur général, d'un greffier, et du nombre d'huissiers nécessaire à leur service.

Les grands-prévôts siégeront en épée.

3. Ces cours ne pourront juger qu'au nombre de six ou de huit membres.

4. Elles prononceront en dernier ressort.

5. Elles connaîtront, exclusivement à tous autres tribunaux, tant du crime de contrebande à main armée, que du crime d'entreprise de contrebande, contre les chefs de bande, conducteurs ou directeurs de réunions de fraudeurs, contre les entrepreneurs de fraude, les assureurs, les intéressés et leurs complices dans les entreprises de fraude ; elles connaîtront également des crimes et délits des employés des douanes dans leurs fonctions.

Les arrêts définitifs qu'elles rendront après un jugement de compétence confirmé par la cour de cassation, dans les cas prévus par le présent article, ne seront point sujets au recours en cassation.

6. Nos procureurs généraux près les cours prévôtales seront tenus de poursuivre d'office les crimes mentionnés dans l'article précédent, sans qu'il soit nécessaire qu'il ait été rapporté procès-verbal contre les prévenus par les préposés des douanes.

Toutes les preuves qui sont admises, d'après les dispositions du Code d'instruction criminelle, pour la conviction des autres crimes, seront reçues contre les prévenus desdits crimes.

SECTION II.
Des Tribunaux ordinaires de Douanes.

7. Il sera établi, sur toutes les frontières occupées par les lignes de nos douanes, des tribunaux auxquels est attribuée la connaissance de toutes les affaires relatives à la fraude des droits de douanes, qui ne donneraient lieu qu'à la confiscation, à l'amende, ou à de simples peines correctionnelles.

8. Ces tribunaux seront établis dans les lieux et avec les arrondissemens déterminés dans le tableau annexé au présent.

Ils seront composés d'un président, de quatre assesseurs, d'un procureur impérial, d'un greffier, et des huissiers nécessaires à leur service; ils ne pourront juger en moindre nombre de trois et que sur les conclusions de notre procureur impérial.

9. Ces tribunaux instruiront et jugeront les affaires de douanes, selon les formes prescrites pour les affaires de police correctionnelle.

10. Les appels des jugemens de ces tribunaux seront portés devant les cours prévôtales dans le ressort desquelles ils se trouveront; ils y seront instruits et jugés conformément aux dispositions du Code criminel.

Les arrêts rendus sur ces appels seront sujets au recours en cassation.

11. Ces tribunaux seront sous l'autorité et inspection des cours prévôtales.

TITRE II.

De l'Instruction criminelle devant les Cours prévôtales et les Tribunaux ordinaires de douanes.

12. Nos grands-prévôts et nos procureurs généraux près les cours prévôtales, et, sous leur autorité et surveillance, nos procureurs près les tribunaux ordinaires des douanes, et tous officiers de police judiciaire, veilleront spécialement à la recherche et poursuite des crimes et délits énoncés au présent décret : nos grands-prévôts donneront tous les ordres et feront toutes les délégations qu'ils jugeront convenables ; ils se transporteront sur les lieux, ou commettront un ou plusieurs des membres, soit des cours prévôtales, soit des tribunaux ordinaires des douanes, pour s'y transporter, toutes les fois que le bien du service l'exigera.

13. Dans les affaires criminelles où le grand-prévôt n'aura pas commis l'un de ses assesseurs pour instruire, l'un des membres du tribunal ordinaire des douanes remplira les fonctions de juge d'instruction, conformément au Code criminel.

Cette première instruction et l'avis du tribunal seront envoyés à la cour prévôtale du ressort, avec l'acte d'accusation rédigé, lorsqu'il y aura lieu, par notre procureur près le tribunal ordinaire des douanes.

Dans les cinq jours qui suivront cet envoi, la cour prévôtale statuera sur sa compétence.

Elle statuera de même sur sa compétence dans les cinq jours qui suivront les actes d'accusation rédigés par nos procureurs généraux, lorsque nos cours prévôtales

auront fait l'instruction par elles-mêmes ou par des assesseurs délégués.

Lorsque la cour prévôtale aura prononcé sur sa compétence, son arrêt sera signifié dans les vingt-quatre heures aux prévenus, et, dans les trois jours suivans, transmis à la cour de cassation, sans que ces signification et
transmission puissent arrêter l'instruction ultérieure, à
laquelle il sera procédé jusqu'à l'ouverture des débats
exclusivement, selon les formes établies par le Code criminel pour les cours spéciales.

L'arrêt définitif sera rendu dans les formes prescrites pour
les arrêts des cours spéciales par le Code d'instruction criminelle.

TITRE III.
Des Peines.

SECTION I.re
*Des Peines applicables au crime de Contrebande à main
armée.*

14. Il n'est rien innové aux peines portées par les
lois concernant la fraude à main armée.

SECTION II.
*Des Peines applicables aux Entrepreneurs, aux Assureurs, aux
Intéressés et à leurs Complices dans les Entreprises de fraude
en marchandises prohibées, et aux Chefs de bande, Conducteurs
ou Directeurs de réunion de Fraudeurs.*

15. Les entrepreneurs de fraude en marchandises et
denrées prohibées, les assureurs, les intéressés et les
complices dans lesdites entreprises, les chefs de bande,
directeurs et conducteurs de réunions de fraudeurs en
marchandises prohibées, seront punis de dix ans de travaux forcés et de la marque des lettres *V. D.*; le tout
sans préjudice des dommages-intérêts envers l'État, proportionnés aux bénéfices qu'ils auront pu retirer.

16. Les simples porteurs pourront n'être punis que de peines correctionnelles, s'il y a en leur faveur des circonstances atténuantes; mais ils seront en outre renvoyés sous la surveillance de la haute police, pour un temps qui ne sera pas moindre de cinq ans et ne pourra excéder dix ans.

Les cautionnemens qu'ils devront fournir |pour jouir de leur liberté, seront fixés d'après la demande que le directeur des douanes aura faite.

SECTION III.

Des Peines applicables aux Prévenus d'entreprises de fraude en marchandises tarifées.

17. Les entrepreneurs de fraude en marchandises tarifées, ceux qui auront conduit ou dirigé les réunions de fraudeurs, les assureurs, les intéressés et leurs complices, seront punis de quatre ans de travaux forcés, sans préjudice des dommages-intérêts envers l'État, proportionnés aux bénéfices qu'ils auront pu retirer de la fraude.

18. Les simples porteurs pourront, en cas de circonstances atténuantes, n'être punis que conformément à l'article 16.

SECTION IV.

Des Peines applicables à la Fraude simple.

19. Toute personne qui, sans concert ni relations propres à constituer une entreprise ou une assurance, sera trouvée introduisant des marchandises en fraude des droits de douanes, sera punie de peines de police correctionnelle, conformément aux lois actuellement existantes, et renvoyée sous la surveillance spéciale de la haute police, pour un temps qui ne sera pas moindre de trois ans et n'en excédera pas six, en se conformant à l'article 16.

TITRE IV.

*Des Saisies en matière de fraude, et du Partage de la
part attribuée aux Employés.*

20. Les employés qui auront découvert et arrêté la
fraude, sans arrêter aussi les fraudeurs, ne recevront que
la moitié de la part qui leur est attribuée dans les confiscations ; l'autre moitié sera réservée pour être répartie,
à la fin de chaque année, entre les brigades qui auront
arrêté le plus grand nombre de fraudeurs, et les contrô-
leurs de brigade, lieutenans principaux et d'ordre dans
la division desquels les arrestations auront été faites.

21. Sera réputée la saisie accompagnée d'arrestation
des fraudeurs, lorsqu'il y aura arrestation d'un homme
à raison de dix ballots de marchandises.

TITRE V.

*Des Transactions en matière de fraude des Droits de
douanes.*

22. Il ne pourra être fait aucune transaction pour
arrêter ou suspendre les poursuites contre les entrepreneurs de fraude, les assureurs, les intéressés et complices
desdites entreprises en marchandises prohibées ou tarifées.

Il en sera de même à l'égard des auteurs, fauteurs
et complices de contrebande à main armée, et des chefs
de bande, directeurs et conducteurs de réunions de
fraudeurs.

23. Dans les autres affaires de fraude, les transactions ne pourront avoir lieu, lorsque le montant des
condamnations en amendes et confiscations pourra excéder la somme de trois mille francs, que par notre autorisation donnée sur le rapport d'une commission spéciale
que nous nommerons à cet effet.

24. Les transactions, dans les affaires de 3,000 francs et au-dessous, seront faites en conformité des dispositions de l'article 2 de notre décret du 10 fructidor an X.

TITRE VI.

De l'Emploi des Marchandises dont la confiscation aurait été prononcée.

SECTION I.re
Des Marchandises prohibées.

25. Les marchandises prohibées dont la confiscation aura été prononcée, ne seront plus vendues. Nos grands prévôts, et nos procureurs généraux de nos cours prévôtales, en feront dresser inventaire et faire estimation à leur prix commun dans l'étranger, laquelle sera soumise à l'approbation de notre ministre des finances.

26. Ils feront ensuite procéder publiquement à leur brûlement ou destruction, et en feront dresser procès-verbal.

27. La somme à distribuer entre les employés des douanes et autres qui auront concouru aux saisies des marchandises prohibées dont la confiscation et le brûlement auront été ordonnés, sera réglée d'après les estimations et prélevée comme fonds spécial sur les produits ordinaires des douanes.

SECTION II.
Des Marchandises tarifées.

28. Les marchandises tarifées dont la confiscation aura été prononcée, seront vendues publiquement aux enchères.

Elles seront transportées et réunies à cet effet dans les lieux où la vente sera présumée être la plus avantageuse.

Ces ventes s'ouvriront tous les six mois, et seront publiées, au moins un mois à l'avance, dans les journaux

d'annonces des divers départemens, avec détail des espèces de marchandises et denrées.

29. Si quelque partie desdites marchandises exigeait
que la vente en fût accélérée, il nous sera fait, à ce
sujet, des rapports particuliers par notre ministre dés
finances.

30. Notre grand-juge ministre de la justice et nós
autres ministres, chacun en ce qui le concerne, sont
chargés de l'exécution du présent décret, qui sera inséré
au Bulletin des lois.

N.° 6. *Décret impérial sur la mise en activité du Code
criminel; du 23 Juillet 1810.*

Art. Ier. Le Code criminel sera mis en activité,
dans l'étendue du ressort de chaque cour impériale, à
partir du jour de son installation.

2. En conséquence, toutes les affaires criminelles,
correctionnelles et de police dont l'instruction ne commencera qu'après l'époque de l'installation des cours impériales, seront instruites et jugées suivant les formes
établies et conformément aux dispositions du Code criminel.

3. A l'égard des affaires commencées antérieurement
à l'installation des cours impériales, toutes celles sur lesquelles il aura été déclaré par un jury qu'il y a lieu à accusation, seront portées directement à la cour d'assises qui
remplacera la cour criminelle qui devait en connaître.

4. Dans le cas où, antérieurement à l'installation des
cours impériales, il aurait été rendu un arrêt de compétence par une cour spéciale, et même lorsque cet arrêt
aurait été confirmé par la cour de cassation, l'affaire sera
renvoyée à la cour impériale, pour y être statué de
nouveau sur la compétence, d'après les régles établies

par le Code d'instruction criminelle, et sauf l'exécution des articles 567, 568, 569 et 570 dudit Code.

5. L'instruction de toutes les autres affaires commencées dans lesquelles il n'y a ni déclaration affirmative par un jury d'accusation, ni arrêt de compétence par une cour spéciale, sera continuée conformément aux dispositions du Code criminel.

6. Les cours et tribunaux appliqueront aux crimes et aux délits les peines prononcées par les lois pénales existantes au moment où ils ont été commis : néanmoins, si la nature de la peine prononcée par le nouveau Code pénal était moins forte que celle prononcée par le Code actuel, les cours et tribunaux appliqueront les peines du nouveau Code.

Dans le concours de deux peines afflictives temporaires, celle qui emporterait la marque sera toujours réputée la plus forte.

7. Notre grand-juge ministre de la justice est chargé de l'exécution du présent décret, qui sera inséré au Bulletin des lois.

N.º 7. *Décret impérial concernant les Prisons d'état.; du 3 Mars 1810.*

Napoléon, etc. etc.

Considérant qu'il est un certain nombre de nos sujets détenus dans les prisons de l'État, sans qu'il soit convenable ni de les faire traduire devant les tribunaux, ni de les faire mettre en liberté ;

Que plusieurs ont, à différentes époques, attenté à la sûreté de l'État ; qu'ils seraient condamnés par les tribunaux à des peines capitales, mais que des considérations supérieures s'opposent à ce qu'ils soient mis en jugement ;

Que d'autres, après avoir figuré comme chefs de bandes dans les guerres civiles, ont été repris de nouveau

en flagrant délit, et que des motifs d'intérêt général dé-
fendent également de les traduire devant les tribunaux ;

Que plusieurs sont ou des voleurs de diligences, ou
des hommes habitués au crime, que nos cours n'ont pu
condamner, quoiqu'elles eussent la certitude de leur culpabilité, et dont elles ont reconnu que l'élargissement
serait contraire à l'intérêt et à la sûreté de la société ;
qu'un certain nombre ayant été employé par la police en
pays étranger, et lui ayant manqué de fidélité, ne peut
être ni élargi, ni traduit devant les tribunaux sans compromettre le salut de l'État ;

Enfin, que quelques-uns appartenant aux différens
pays réunis sont des hommes dangereux, qui ne peuvent
être mis en jugement, parce que leurs délits sont ou politiques, ou antérieurs à la réunion, et qu'ils ne pourraient être mis en liberté sans compromettre les intérêts
de l'État ;

Considérant cependant qu'il est de notre justice de
nous assurer que ceux de nos sujets qui sont détenus dans
les prisons de l'État le sont pour causes légitimes, en
vue d'intérêt public, et non par des considérations et des
passions privées ;

Qu'il convient d'établir, pour l'examen de chaque
affaire, des formes légales et solennelles ;

Et qu'en faisant procéder à cet examen, rendre les
premières décisions dans un conseil privé, et revoir de
nouveau chaque année les causes de la détention pour
reconnaître si elle doit être prolongée, nous pourvoirons
également à la sûreté de l'État et à celle des citoyens ;

Notre conseil d'état entendu, nous avons décrété et
décrétons, ce qui suit :

TITRE I.er

Des Formalités à observer pour la détention dans les Prisons de l'État.

Art. 1er. Aucun individu ne pourra être détenu dans une prison de l'État qu'en vertu d'une décision rendue sur le rapport de notre grand-juge ministre de la justice, ou de notre ministre de la police, dans un conseil privé, composé comme il est établi dans les dispositions de l'acte des constitutions du 16 thermidor an X, Tit. X, art. 86.

2. La détention autorisée par le conseil privé ne pourra se prolonger au-delà d'une année, qu'autant qu'elle aura été autorisée dans un nouveau conseil privé, ainsi qu'il va être expliqué.

3. A cet effet, dans le cours du mois de décembre de chaque année, le tableau de tous les prisonniers d'État sera mis sous nos yeux, dans un conseil privé spécial.

4. Le tableau contiendra les noms des prisonniers d'État, leurs prénoms, âge, domicile, profession, le lieu de leur détention, son époque, ses causes, la date de la décision du conseil ou des conseils privés qui l'auront autorisée.

5. Une colonne d'observations contiendra l'analyse des motifs pour faire cesser ou prolonger la détention de chaque prisonnier.

6. Chaque année, avant le 1er. Janvier, la décision du conseil privé sur chaque prisonnier, expédiée par le ministre secrétaire d'État et certifiée par notre grand-juge ministre de la justice, sera envoyée par lui au ministre de la police, et au procureur général de la cour d'appel du ressort.

7. Le ministre de la police enverra au commandant de chaque prison d'État une expédition en forme, de lui certifiée, des décisions concernant ceux qui y sont détenus.

8. Chacune de ces décisions sera transcrite sur un registre tenu à cet effet dans les formes voulues par la loi, et notifiée à chaque détenu.

TITRE II.

De l'Inspection des Prisons d'État.

9. Chaque prison d'État sera inspectée au moins une fois par an, avant le rapport au conseil privé dont il est parlé à l'article 3, par un ou plusieurs conseillers d'État par nous désignés, sur le rapport de notre grand-juge ministre de la justice, avant le 1.er septembre de chaque année.

10. Nos commissaires visiteront toutes les parties de la prison, pour s'assurer si nul n'est détenu sans les formalités prescrites, si la sûreté, l'ordre, la propreté, la salubrité, sont maintenus dans la prison.

11. Ils entendront séparément les réclamations de chaque détenu, leurs observations sur le changement des circonstances qui ont pu les motiver, et leurs demandes à fin d'être mis en jugement ou en liberté.

12. Ils feront mettre en liberté tout individu détenu sans les autorisations exigées par les dispositions du titre premier.

13. Ils feront un rapport de leur mission, et donneront leur avis sur chaque prisonnier.

14. Cet avis sera toujours mis sous les yeux du conseil privé dont il est parlé au titre I.er, article 3 ci-dessus.

15. Avant le 15 Février de chaque année, le procureur général de la cour impériale du ressort vérifiera ou fera vérifier par un de ses substituts ou des procureurs impériaux sous ses ordres, si nul n'est détenu dans les prisons d'État situées dans son ressort sans les formalités ci-dessus prescrites, si les registres sont tenus régu-

lièrement. Il sera dressé, de cette visite, un rapport, lequel sera envoyé à notre grand-juge ministre de la justice; et en cas de contraventions ou de détentions faites ou prolongées illégalement, le commissaire chargé de la visite fera mettre les prisonniers ainsi détenus en liberté.

TITRE III.

Des Individus mis en surveillance.

16. Le tableau de tous les individus mis en surveillance sera mis sous nos yeux par notre ministre de la police, dans le conseil privé spécial et annuel dont il est parlé à l'article 3.

17. Ce tableau sera dressé dans la forme prescrite pour les prisonniers d'État, à l'article 4; et au lieu de la décision du conseil privé exigée pour ces prisonniers, la décision qui aura ordonné la surveillance sera mentionnée.

18. Il sera statué, dans le conseil privé, sur la prolongation ou la cessation de la surveillance.

TITRE IV.

Du Régime et Administration des Prisons d'État.

§. I.er

De la Surveillance des Prisons.

19. La garde et l'administration de chaque prison d'État seront confiées à un officier de gendarmerie, qui aura sous ses ordres la troupe affectée à la garde de la prison, et déterminera les mesures de précaution et de sûreté pour empêcher l'évasion.

20. Il y aura un concierge pour la surveillance intérieure, et la tenue des registres.

Le concierge aura sous ses ordres un nombre suffisant de gardiens.

21. Le commandant militaire sera choisi par nous, sur la présentation de notre ministre de la police générale, lequel sera chargé exclusivement de tout ce qui est relatif à l'administration des prisons d'État, à l'entretien des bâtimens y affectés, à la nourriture, habillement et garde des prisonniers.

22. Le concierge sera nommé et révocable par notre ministre de la police générale.

23. Les commandant, concierge et gardiens, seront responsables, chacun en ce qui le concerne, de la garde des détenus.

24. Si, par négligence ou par quelque autre cause que ce soit, ils favorisent l'évasion d'un détenu, ils seront destitués, et poursuivis conformément aux lois.

§. II.

Des Relations des Préposés avec l'Autorité.

25. Le concierge sera subordonné au commandant; il recevra ses ordres.

26. Le commandant correspondra avec notre ministre de la police générale et le conseiller d'État de l'arrondissement : il sera sous la surveillance du préfet.

27. Le concierge pourra être provisoirement suspendu et remplacé par le préfet.

§. III.

Du Régime intérieur.

28. Le concierge tiendra un registre exact des détenus entrans et sortans, et y transcrira les ordres en vertu desquels ils sont détenus.

29. Aucun ordre de sortie ne pourra être exécuté, sans notification au commandant, de la décision du conseil privé qui l'aura ordonnée.

30. Tout concierge ou gardien qui favoriserait la correspondance clandestine d'un détenu mis au secret sera destitué et puni de six mois de prison.

31. Le commandant ne pourra, sous peine de destitution, se permettre, sous quelque prétexte que ce soit, de faire sortir avec lui, avec le concierge ou avec des surveillans, les détenus confiés à sa garde.

32. En cas de maladie d'un détenu, le commandant désignera l'officier de santé qui le visitera et le traitera.

33. Il sera accordé à chaque détenu qui le requerra, une somme de deux francs par jour, outre la nourriture ordinaire, à titre de secours pour son entretien.

34. Les détenus conserveront la disposition de leurs biens, s'il n'en est autrement ordonné.

35. A cet effet, ils donneront, sous la surveillance du commandant, tous pouvoirs et quittances nécessaires.

Les sommes qu'ils recevront ne pourront leur être remises qu'en sa présence et avec son autorisation.

TITRE V.
Du nombre des Prisons d'État.

36. Il n'y aura de prisons d'État que dans les lieux ci-après désignés.

37. Nul prisonnier d'État ne pourra être détenu, si ce n'est en dépôt ou pour passage, dans d'autres lieux que les prisons d'État désignées par nous.

38. Les prisons d'État sont établies dans les châteaux de Saumur, Ham, If, Landskronn, Pierre-Châtel, Fenestrelle, Campiano, Vincennes.

39. Notre grand-juge ministre de la justice, nos ministres de la guerre, de la police générale, et du trésor public, sont chargés, chacun en ce qui le concerne, de l'exécution du présent décret, qui sera inséré au Bulletin des lois.

FORMULES.

Formule d'une plainte en contravention.

(Art. 11 du Code d'instruction criminelle.)

L'an mil .... le ... du mois de .... heure de ....
par-devant nous, commissaire de police, *ou maire, ou adjoint* de la commune de .... s'est présenté le sieur ....
demeurant en cette commune, rue .... lequel s'est plaint
que, ce matin, à *telle* heure, *tel* individu avait glané dans
les champs non encore entièrement dépouillés et vidés de
leurs recoltes du dit plaignant, *ou commis telle* autre contravention. Il nous a demandé de recevoir sa plainte ; ce
que nous avons fait. Il nous a produit aussitôt pour témoins
du fait, les sieur .... et sieur .... ci-présent, et il a
signé avec nous, *ou a déclaré ne pas le savoir et nous avons
signé.* (*La ou les signatures.*)

De suite, nous avons entendu le sieur ...., demeurant
à ...., lequel nous a dit que ce matin à *telle* heure, passant en *tel* endroit, il a vu .... (*écrire sa déclaration*),
et il a signé avec nous ou a déclaré ne pas le savoir et
nous avons signé. (*La ou les signatures.*)

Nous avons entendu aussi le sieur ...., demeurant à
...., (*comme au précédent.*)

De laquelle plainte ci-dessus, et desquelles déclarations
nous avons donné acte à chacun des comparans, et nous
avons signé. (*La signature du commissaire, ou du maire,
ou de l'adjoint.*)

Formule d'un procès-verbal de contravention.

L'an mil ....., le ....., nous, commissaire de police,
ou maire, ou adjoint de la commune de ....., faisant
notre tournée d'inspection des boissons, assistés des sieurs
....., experts amenés par nous, nous étant entré dans la

maison du sieur ...., marchand de vin, avons examiné
ceux qu'il débitoit; les sieurs .... experts ont reconnu que
ces vins à nous présentés étaient falsifiés. Nous lui avons
de suite déclaré que nous saisissions et mettions sous la main
de justice lesdits vins, et aussitôt nous les avons fait emporter par ..., que nous avons commis à cet effet, afin
qu'ils ne fussent plus vendus.

De ce que dessus, nous avons fait et dressé le présent
procès-verbal pour servir et valoir contre ledit sieur ven-
deur, ce que de raison; et ont les sieurs .... experts
signé avec nous.

(Les signatures.)

Formule d'un procès-verbal de contravention à dresser par le Garde champêtre.

(Art. 16.)

L'an mil ....; le ... du mois de .... heure de ....
moi (nom et prénoms), garde champêtre de la commune
de ...., assermenté devant .... le .... faisant mes garde
et tournée accoutumées, dans telle pièce de blé, appartenant à ...., ai vu telle personne couper du blé en verd,
quoiqu'il ne fût au service du propriétaire ni envoyé par
lui; lui ai déclaré qu'il commettait le délit prévu par l'art.
450 du Code pénal, pour lequel j'allais dresser procès-
verbal contre lui; et ai à l'instant rédigé le présent, que
j'ai signé, les jours et an que dessus.

(La signature.)

Formule de procès-verbal à dresser par le Garde forestier.

(Art. 16.)

Cejourd'hui .... du mois de .... de l'an .... heure
de .... moi (les noms et prénoms), garde forestier nommé
pour la garde de tels bois ou forêts, faisant mes tournées
accoutumées, dans tel endroit du bois ou de la forêt, ai
vu qu'un arbre de telle espèce, de telle dimension ou gros-
seur, venait d'être coupé. Imaginant que le délinquant
pouvait n'être pas encore éloigné, j'ai porté mes regards de
tous les côtés. En accélérant ma marche vers les issues,
j'ai découvert qu'un individu vêtu de tel habit, paroissant
de telle taille, était déjà avancé dans la plaine, et prêt à
rentrer dans telle commune, et qu'il faisait porter du bois

par son cheval. Je me suis transporté de suite à cette commune, mais n'ai pu rejoindre cet individu. Soupçonnant que ce pouvait être *un tel*, j'ai requis M. le juge de paix, ou M.... commissaire de police, ou M. le maire, de m'assister dans la recherche que j'étais dans l'intention de faire chez ledit *un tel*. M. le maire ayant déféré à ma réquisition, nous nous sommes à l'instant transportés chez ledit.... Nous avons trouvé dans sa cour sous un petit hangard, de forts morceaux de bois; en ayant mesuré le diamètre, nous l'avons trouvé le même que celui de l'arbre coupé: ayant examiné la nature et l'écorce du bois, nous les avons trouvées aussi identiquement les mêmes que celles de l'arbre coupé; ayant réuni bout à bout les divers morceaux, nous avons reconnu qu'ils pouvaient avoir ensemble la longueur dudit arbre. Nous avons fait plus ample perquisition. Dans la cuisine dudit ...., nous avons trouvé les branchages de l'arbre déjà tout fagotés. M. le maire l'a interrogé s'il n'était pas l'auteur du délit, il n'a pu dissimuler qu'il en fût l'auteur. M. le maire a aussitôt fait transporter le bois du délit à la mairie, et l'a confié à la garde du concierge pour le représenter en temps et lieu. De tout ce que dessus, j'ai fait et rédigé le présent procès-verbal, en présence de M. le maire, à qui j'en ai donné lecture, les jour, mois et an susdits. (*La signature du garde forestier.*)

Formule d'un procès-verbal de dénonciation.

(Art. 31.)

L'an mill.... le.... heure de..., par devant nous procureur impérial au tribunal de première instance séant à.... département de.... s'est présenté le sieur.... (*les nom, prénoms, âge, profession et demeure*), lequel est venu nous faire la dénonciation qui suit, et qu'il nous a requis de rédiger.

Ce matin, à *telle* heure, passant dans *telle* rue de la commune de.... il a vu deux individus, qui lui ont paru de *telle* taille, et qui étaient vêtus de *tels* habits, pouvant être âgés l'un de.... ans, et l'autre de.... ans, escalader le mur du sieur.... Il s'est caché un instant dans *tel* endroit, et moins d'un quart-d'heure après, il les a vus revenir par dessus le même mur et emporter *tels* et *tels* effets.

Il n'a pu chercher à les arrêter parce qu'il n'était pas de force à se mesurer avec eux, et qu'il aurait appréhendé pour sa vie; mais il a vu l'un d'eux entrer dans *telle* maison, et l'autre dans *telle* autre maison. Il pense que l'on pourrait trouver en ce moment les effets dans les maisons désignées.

Il est retourné de suite à la maison du sieur.... et lui a fait part de la découverte qu'il venait de faire; le sieur .... a aussitôt fait la recherche chez lui et s'est aperçu que les effets dont il vient d'être question, lui manquaient. Celui-ci a accompagné le dénonçant, et s'est également transporté devant nous.

De laquelle dénonciation ci dessus, le sieur.... nous a requis acte, que nous lui avons octroyé, et il a signé avec nous au bas de chaque page, ou il a déclaré ne le savoir et nous avons signé.

(La ou les signatures.)

Formule de la déclaration ou plainte de la partie.

De suite, le sieur.... nous a déclaré qu'il venait de lui être soustrait par des quidams, *tels* et *tels* effets. Comme il a lieu de penser qu'ils lui ont été enlevés par les individus désignés dans la dénonciation du sieur.... et qu'il a le plus grand intérêt de les recouvrer, il nous a prié et tant que de besoin requis, de nous transporter aux demeures des individus désignés, pour y faire toute perquisition nécessaire, afin d'y trouver les effets qui lui ont été ravis; et il a signé avec nous la présente réquisition, (aux différentes pages, s'il y en a plusieurs).

(Les signatures.)

Formule de l'Ordonnance du Procureur Impérial.

Nous, procureur impérial susdit et soussigné, attendu que le crime est flagrant, nous avons ordonné que nous nous transporterions à l'instant, accompagnés de trois gendarmes, aux demeures énoncées en la dénonciation du sieur .... à l'effet d'y dresser tous procès-verbaux, y faire toutes perquisitions et arrestations nécessaires; et nous avons signé notre présente ordonnance.

(La signature.)

Formule de procès-verbal de perquisition et d'arrestation.

Le même jour énoncé en la dénonciation des autres parts, *telle* heure du matin *ou* du soir, nous, procureur impérial susdit et soussigné, accompagné de trois gendarmes par nous requis, et des sieurs.... (*le dénonçant et la partie*) nous sommes transportés *telle* rue... à *telle* maison. Montés à *tel* étage, avons trouvé un individu de *telle* taille, vêtu de *tel* habit (*ceux mentionnés en la désignation*); lui avons fait à l'instant connaître nos qualités et l'avons sommé de nous dire ses nom et prénoms; il nous a déclaré se nommer (*énoncer ses nom et prénoms, s'il refusait de les dire, on s'en enquerrait de ses voisins; s'il n'avait pas de voisin, on écrirait son signalement*). Nous lui avons dit quel était l'objet de notre transport; nous l'avons sommé de nous faciliter notre perquisition et de souffrir que nous la fissions; il nous a laissés la faire seuls, et y avons procédé comme il suit. Dans *tel* endroit (*le désigner*), nous avons trouvé *tels* et *tels* effets que le sieur (*la partie*) a déclaré lui appartenir et lui avoir été volés, et que le sieur (*le dénonçant*) nous a dit être du nombre de ceux qu'il a vu emporter. Dans *tel* autre endroit, etc., (*de même*), ladite perquisition achevée, nous avons ordonné que les effets seraient portés et déposés au greffe du tribunal, et que l'individu susnommé ou susdésigné, serait à l'instant saisi et arrêté par les gendarmes par nous amenés, pour être conduit devant le juge d'instruction; et il a été à l'instant saisi et arrêté par les gendarmes.

De ce que dessus nous avons rédigé le présent, que les sieurs,.... ont signé avec nous au bas de chaque page.

CONTINUATION.

Sitôt après, *telle* heure, accompagnés comme il est dit ci-dessus au présent procès-verbal, nous nous sommes transportés *telle* rue, à *telle* maison, etc. (Répéter chez le second individu les mêmes opérations et dresser le même procès-verbal.)   (*Les signatures.*)

(Voyez la formule qui suit, laquelle renferme toutes les opérations de l'officier de police judiciaire.)

Formule d'un Procès-Verbal de Transport de l'officier de police judiciaire pour constater un meurtre et vol avec effraction.

L'an ..... le ..... heure ..... du matin, nous .... juge d'instruction de l'arrondissement de ..... écrivant ..... greffier du tribunal, en conséquence de notre ordonnance au bas de la plainte à nous rendue, cejourd'hui, par Pierre ..... (ou sur l'avis qui nous a été donné, ou, étant instruit par la rumeur publique, qu'il s'était commis à .....) étant accompagné, 1° de M..... procureur impérial, ou de ..... son substitut; 2° de ..... commissaire de police, ou maire, ou adjoint de maire, ou de ..... et de ..... tous les deux citoyens de cette commune de .....; 3° de ..... chirurgien, demeurant à ..... d..... dont nous avons requis l'assistance; à l'effet d'être, en leur présence, procédé aux opérations ci-après, dont nous leur avons fait connaître l'objet, pour y visiter, tant le particulier mort que le blessé, dont il est fait mention en la plainte dudit ....., nous nous sommes transportés en la maison ou demeure de ..... sise à ..... rue ..... où étant entrés, nous avons ordonné que qui que ce soit ne s'en éloigne sans notre permission, jusqu'à ce que nous ayons procédé aux opérations qui font le sujet de notre transport; nous avons aussi requis les citoyens ..... gendarmes nationaux présents, de faire perquisition dans toute la maison dudit Pierre ..... où on soupçonnait que pouvaient s'être réfugiés les complices du .....; ce qu'ils ont fait, sans pouvoir rien découvrir. De suite Pierre ..... nous a conduit vers une chambre donnant sur la cour au rez-de-chaussée; nous avons remarqué des traces de sang, depuis l'allée qui conduit à ladite chambre jusqu'à l'endroit où était déposé le corps mort, que nous avons trouvé exposé ..... en ladite chambre sur ..... Après avoir fait prêter serment, en nos mains, audit ..... chirurgien ..... de procéder, faire son rapport, et donner son avis en son honneur et conscience, nous l'avons requis de faire, à l'instant, la visite dudit corps mort: à quoi procédant, ledit ..... a remarqué que ....., (*il déclare si l'individu paraît être mort tout récemment, et quelles sont ses blessures*); desquelles déclarations il résulte que ledit ..... est mort de mort violente, et qu'il a été tué par une arme à feu; en conséquence, et attendu que la cause de sa mort est connue, et que toutes autres recherches, à cet égard, seraient inutiles, nous avons déclaré que rien ne s'opposait à ce que ledit corps ne fût inhumé suivant les formes ordinaires. Nous avons ensuite sommé le ..... de nous dire s'il reconnaissait ledit particulier. A répondu : non. S'il n'était pas vrai qu'il eût tiré un coup de pistolet. A répondu ? non, et que ses compagnons seuls avaient tiré. Pourquoi il se trouvait, à l'heure de ....., dans la maison ? A dit : qu'il avait été excité par ses compagnons. Quels sont ses compagnons ? A dit : qu'il ne veut pas les nommer. Pourquoi il emportait les effets dont il a été trouvé saisi ? A répondu : que, etc. (*L'on prend ainsi tous les renseignements possibles, tant du prévenu que de toutes les personnes qui se sont trouvées présentes au délit, ou qui en ont quelque connaissance directe ou indirecte, même des parents, voisins ou domestiques présumés en état de donner des éclaircissements sur le fait (art. 33), et on fait signer à tous leurs déclarations ; en cas de refus, il en est fait mention. L'officier de police constate aussi l'état des portes et serrures brisées ; s'il trouve le pistolet, ou toute autre arme qui paraîtrait avoir servi, ou avoir été destinée à commettre le crime, il en fera la description, la saisie, interpellera le prévenu de s'expliquer s'il les reconnaît, etc.*) Un pistolet ayant été trouvé auprès du corps dudit ..... il a été vérifié que ledit pistolet est déchargé, que le chien et la batterie sont abattus, et nous avons sommé ledit ..... de déclarer s'il reconnaît ce pistolet, s'il lui appartient, comment il se l'est procuré, s'il s'en est servi pour tuer ledit ....., etc. A quoi il a répondu, etc. ..... ; lequel pistolet nous avons mis dans un petit sac de toile, que nous avons attaché avec une ficelle et une bande de papier, les extrémités de laquelle ficelle ou de laquelle bande de papier ont été fixées avec de la cire rouge, à l'empreinte de notre sceau (art. 35 et 38). Nous nous sommes ensuite, et accompagnés des mêmes personnes, transportés en la chambre où était ledit ....., que nous avons trouvé couché dans un lit, (*on reçoit les déclarations de cet individu ..... ; le chirurgien constate son état ; on interroge de nouveau le prévenu s'il reconnaît le malade, etc.*) desquels examens, visite et déclarations, il résulte qu'il existe meurtre et vol avec effraction ; que ces crimes sont de nature à mériter peine afflictive ; que ledit ..... a été trouvé saisi d'effets appartenants audit Pierre ..... et pris à l'instant même du délit, et dans le lieu où il s'est commis, et que dans lesdites déclarations, les nommés Victor ..... et Guillaume ..... absents, se trouvent fortement soupçonnés de complicité. Pourquoi nous nous sommes déterminés à faire conduire, sur-le-champ, ledit . . . . . à la maison d'arrêt de . . . . . et à citer pardevant nous ledit . . . . . (et autres) suivant la forme indiquée par la loi. Nous avons, en conséquence, délivré un mandat de *dépôt*, à l'effet de faire conduire, sur-le-champ, ledit . . . . . à la maison d'arrêt de . . . . . , et un mandat d'amener contre lesdits Victor . . . . . Guillaume . . . . . (et autres); et avons, de ce que dessus, dressé le présent procès-verbal. (*L'officier de police, le procureur impérial et autres personnes qui ont assisté, signent au bas de chaque feuillet ou page; en cas de refus, il en est fait mention, art.* 42.)

NOTA. *Si le procès-verbal est fait par le procureur impérial, ou par l'un des officiers auxiliaires de police, il ne lancera pas le mandat de dépôt, le prévenu restera en état de mandat d'amener, jusqu'à ce que le juge d'instruction ait statué, art.* 40 *et* 45.

Formule de Cédule pour appeler les témoins.

DÉPARTEMENT DE. . . . .
ARRONDISSEMENT DE. . . . .

Etienne . . . . . , juge d'instruction de l'arrondissement de . . . . . , séant à . . . . . mandons et ordonnons à tous huissiers ou agens de la force publique d'assigner (*les noms professions et demeures des témoins*), et tous autres qui pourraient être indiqués par la suite, à comparaître en personne pardevant nous dans notre cabinet situé à . . . . . , le . . . . . , heure de . . . . . , pour faire leurs dépositions sur les faits et les circonstances contenues en la plainte, ou en la dénonciation, ou au réquisitoire du procureur impérial dont il leur sera donné connaissance. Donné à . . . . . , ce . . . . .

NOTA. *Cette cédule doit être remise au procureur impérial, chargé par l'article* 28 *de la faire notifier. Il conviendrait même qu'avant d'en charger un huissier, ou agent de la force publique, il y apposât son visa, quoique la loi ne l'exige pas.*

Formule d'Assignation en vertu de la cédule ci-dessus.

L'an . . . . . , et le . . . . . du mois de . . . . . , au requis de M. le procureur impérial de l'arrondissement de . . . . . ,

séant à ....., et en vertu de la cédule ci – dessus, à moi
remise par mondit sieur le procureur impérial, j'ai .....,
huissier ...., ou gendarme national de ....., assigné
Claude ....., demeurant à ......, à comparaître le .....;
heure ....., pardevant M. le juge d'instruction dudit arrondissement, et dans son cabinet situé à ....., à l'effet
de faire sa déclaration sur les faits dont est question en
la plainte, ou en la dénonciation, ou au réquisitoire mentionné en ladite cédule ; lui déclarant que faute de comparaître sur la présente assignation, il y sera contraint par
les voies indiquées par la loi, et j'ai audit ...... laissé copie tant de ladite cédule que du présent acte, parlant
à ..... *signé, etc.*

Formule de procès-verbal des déclarations des témoins.

L'an ....., le ....., pardevant nous ......, juge d'instruction de l'arrondissement de ....., écrivant ......,
greffier du tribunal, sont comparus les témoins ci – après
nommés, appelés en vertu de la cédule délivrée par nous,
le ....., à l'effet de déclarer les faits et circonstances qui
sont à leur connaissance au sujet du crime ou délit dont
est question en la plainte ou dénonciation rendue par
Pierre ....., lesquels témoins ont fait séparément leurs déclarations ainsi qu'il suit.

Claude ....., témoin assigné pardevant nous, ainsi
qu'il paraît par la copie de notre cédule du ....., à lui
signifiée le ....., qu'il nous a représentée, après avoir
prêté en nos mains le serment de dire toute la vérité, rien
que la vérité, a fait la déclaration suivante.

Nota. *Il paraît plus convenable et plus naturel en
rédigeant la déposition du témoin d'employer la première personne.*

Je me nomme ......, âgé de ....., (*profession*) résidant à ....., et ne suis parent, allié ni domestique du
plaignant ni du prévenu ; je déclare que le ....., heure
de ....., j'ai vu etc., etc.

Lecture faite au d..... de sa déposition, il a déclaré
y persister, et a signé avec nous et le greffier, ou nous
avons signé avec le greffier, non ledit ..... témoin qui a
refusé ou qui a déclaré ne savoir ou ne pouvoir, etc.
(*Toutes les déclarations se rédigent ainsi, sans autre
forme.*)

Formule de Mandat de Comparution.

Nous......, juge d'instruction de l'arrondissement de....., séant à......, mandons et ordonnons à (*ses noms, prénoms, profession et demeure*) de comparaître devant nous, le......, heure de......, en notre cabinet, situé au Palais de justice, pour être entendu sur les inculpations dont il est prévenu.

Mandons à tous huissiers ou agents de la force publique de lui notifier le présent. Fait à......, le..... (*Signature et sceau du juge d'instruction.*)

Nota. *Ce mandat est notifié, à la requête du procureur impérial, par un simple acte ou exploit dans lequel il est fait mention que l'original dudit mandat a été exhibé au prévenu avec sommation d'y satisfaire, à peine de voir convertir ledit mandat en mandat d'amener; il lui en est laissé copie.*

Formule de Mandat d'amener.

Nous......, juge d'instruction de l'arrondissement de..., séant à......, mandons et ordonnons à tous huissiers ou agents de la force publique, d'amener pardevant nous, en se conformant à la loi (*nom, prénoms, état et demeure, et s'ils ne sont pas connus, désignation ou signalement du prévenu, art.* 95) pour être entendu sur les inculpations dont il est prévenu.

Requérons tous dépositaires de la force publique de prêter mainforte, en cas de nécessité, pour l'exécution du présent mandat. Donné à...... (*Date, signature et sceau du juge d'instruction*).

Formule de Procès-verbal dressé par le porteur d'un mandat d'amener.

L'an......, je......, soussigné, à la requête de M. le procureur impérial de l'arrondissement de......, résidant à......, et en vertu du mandat d'amener, délivré par M. le juge d'instruction du même arrondissement, le......, signé de lui et scellé, me suis transporté au domicile de......, demeurant à......, auquel, parlant à sa personne, j'ai exhibé l'original dudit mandat d'amener dont j'étais porteur; le requérant de me déclarer s'il entend obéir audit mandat et se rendre pardevant mondit sieur le juge d'instruction. Ledit....., m'a répondu qu'il était prêt à obéir à l'instant. En conséquence j'ai conduit ledit..... pardevant M. le juge d'instruction de..... pour y être entendu et être statué à son égard ce qu'il appartiendra; et j'ai, de tout ce que dessus, dressé le présent procès-verbal dont j'ai laissé copie ainsi que du mandat d'amener audit.....

(*Si l'inculpé refuse d'obéir, l'huissier doit se conduire ainsi qu'il va être dit.*) Lequel m'a répondu qu'il ne voulait point obéir audit mandat d'amener; je lui ai vainement représenté que sa résistance injuste ne pouvait le dispenser d'obéir au mandement de la justice, et m'obligerait à user des moyens de force que j'étais autorisé à employer par la loi; ledit sieur..... s'étant obstiné à refuser d'obéir au mandat, je l'ai saisi et appréhendé au corps, étant assisté de..... gendarmes nationaux du département de ..., résidant à....., desquels j'ai requis l'assistance pour que force demeure à justice; j'ai conduit ledit..... pardevant, etc.

(*Si le refus du prévenu est motivé sur la disposition de l'article* 100 *du Code d'instruction, après les mots,* qu'il ne voulait point y obéir, *il faudra ajouter:*) vu que ledit mandat a plus de deux jours de date, qu'il lui est signifié hors l'arrondissement et à plus de cinq myriamètres du domicile de l'officier qui l'a délivré. En conséquence, j'ai à l'instant conduit ledit..... devant M. le procureur impérial de l'arrondissement, où a été par moi trouvé ledit..,..., en conformité de l'article 100 du Code d'instruction, etc.

(*Si le prévenu énoncé dans le mandat d'amener ne peut être trouvé, après les mots* demeurant à, *il faut continuer ainsi:*) Pour mettre ledit mandat à exécution, et n'ayant point trouvé ledit......, ni personne chez lui; instruit par les voisins qu'il était absent depuis plusieurs jours, je me suis rendu chez M. le maire de la commune, rue....., ou chez M. l'adjoint du maire, rue....., ou chez le commissaire de police, rue....., et lui ai exhibé tant l'original dudit mandat d'amener, que le présent procès-verbal, sur l'original duquel procès-verbal il a apposé son *visa.*

Formule de Mandat de dépôt.

Nous....., juge d'instruction de l'arrondissement de.... séant à....., mandons et ordonnons à tous huissiers et agents de la force publique, de conduire à la maison d'arrêt de....., en se conformant à la loi (*les noms, prénoms, profession et demeure*); mandons et enjoignons au gardien de ladite maison d'arrêt de le recevoir et retenir en dépôt jusqu'à nouvel ordre.

Requérons tous dépositaires de la force publique de prêter mainforte, en cas de nécessité, pour l'exécution du présent mandat.

Fait à....., le.... (*date, signature et sceau.*)

Formule de Mandat d'arrêt.

Nous, etc, mandons et ordonnons à tous huissiers ou agents de la force publique, de conduire à la maison d'arrêt de..... (*les noms, prénoms, âge, profession et demeure*), prévenu de vol avec effraction, et du meurtre commis le....., en la maison de....., délit prévu par l'art..... du Code pénal. Mandons au gardien de ladite maison d'arrêt de le recevoir, le tout en se conformant à la loi.

Requérons tous les dépositaires de la force publique, auxquels le présent mandat sera notifié, de prêter mainforte pour son exécution, en cas de nécessité.

Fait à.....: (*date, signature, sceau*).

Ces divers mandats doivent être expédiés en forme exécutoriale, surtout lorsqu'il est question de les faire mettre à exécution hors l'arrondissement du juge qui les a délivrés. Voici quelle est cette forme:

DÉPARTEMENT D   *Extrait des minutes du Greffe d... séant à...*
ARRONDISSEMENT D

NAPOLÉON, par la grâce de Dieu et les Constitutions, Empereur des Français, Roi d'Italie; Protecteur de la Confédération du Rhin, etc., à tous présents et à venir, salut.

M......, juge d'instruction de l'arrondissement de..., séant à....., a rendu le mandat..... dont la teneur suit.....:

Mandons et ordonnons à tous huissiers sur ce requis, de mettre le présent mandat à exécution;

A nos procureurs généraux et à nos procureurs près les tribunaux de première instance, d'y tenir la main;

A tous commandants et officiers de la force publique de prêter mainforte quand ils en seront légalement requis.

En foi de quoi le présent mandat a été signé par le juge et par le greffier, et scellé, etc.

Formule de Procès – verbal dressé par le porteur d'un mandat d'arrêt.

L'an, etc...... notifié et laissé copie à......, actuellement détenu en la maison d'arrêt de......, en parlant à sa personne, pour ce mandée au greffe, du mandat d'arrêt décerné contre lui par......, et, en vertu dudit mandat d'arrêt, j'ai écroué et recommandé sur les registres de la maison d'arrêt ledit..... (*suit le signalement*), et lui ai laissé copie dudit mandat d'arrêt et du présent. —

(*Si le prévenu n'est pas détenu, la notification est faite*) au domicile, ou au dernier domicile connu dudit....., situé à......, (*s'il n'y est pas*) il en est laissé copie, ainsi que du présent, parlant à.....; et, n'ayant pu trouver ledit......, j'ai fait perquisition de sa personne en présence de......, qui sont les deux plus proches voisins du prévenu que j'aie trouvés; et n'ayant pu découvrir ledit prévenu, j'ai dressé le présent procès-verbal, que j'ai signé avec lesdits voisins (*faire mention s'ils ne peuvent ou s'ils refusent, et de la réquisition qui leur est faite de signer*) lequel ayant été présenté par moi à M. le juge de paix (*ou à son suppléant, ou au maire, ou à son adjoint*), a été par lui visé, et je lui en ai laissé copie, etc.

Formules d'Ordonnances rendues en la chambre du conseil,

DANS LE CAS DES ARTICLES 128, 129, 130, 131, 132, 133 ET 13f DU CODE D'INSTRUCTION.

Sur le rapport fait par le juge d'instruction de l'arrondissement de......, à la chambre du conseil du tribunal de......, réunie en conformité de l'art. 123 du Code d'instruction, duquel il résulte (*l'exposé sommaire du fait.*)

Vu les pièces et l'instruction, et après avoir ouï le procureur impérial dans son réquisitoire·

·(*Dans le cas de l'art. 128.*) Considérant que le fait imputé à..... ne présente ni crime, ni délit, ni contravention, — ou qu'il n'existe aucune charge contre ledit...., la chambre déclare qu'il n'y a pas lieu à poursuivre, et que ledit..... sera mis sur--le-champ en liberté, s'il n'est détenu pour autre cause.

(*Dans le cas de l'art.* 129.) Considérant que le fait imputé à..... n'est qu'une simple contravention de police,

La chambre renvoie le procès dont s'agit au tribunal de police du canton de....., pour être statué ainsi qu'il appartiendra; ordonne que ledit..... sera mis sur-le-champ en liberté, s'il n'est détenu pour autre cause.

(*Dans le cas de l'art.* 130.) Considérant qu'il résulte de ladite instruction que ledit..... est prévenu d'avoir.... ce qui constitue un délit correctionnel, prévu par l'art... du Code pénal pouvant entrainer la peine d'emprisonnement,

La chambre renvoie le procès dont s'agit, ainsi que ledit..... en état de mandat d'arrêt, ou en état de mandat de dépôt, au tribunal de police correctionnelle de..., pour être statué ainsi qu'il appartiendra.

(*Dans le cas de l'art.* 131.) *Il faut prononcer de la même manière, sauf qu'au lieu de ces mots*, en état de mandat d'arrêt ou de dépôt, *il faut substituer ceux-ci* : Attendu que ce délit ne peut entrainer la peine d'emprisonnement, ordonne que ledit..... sera mis sur-le-champ en liberté, s'il n'est détenu pour autre cause, à la charge de se représenter à jour fixe devant le tribunal correctionnel.

Dans le cas de l'art. 133.) Considérant qu'il résulte de ces faits et de l'instruction, que ledit.... est prévenu d'avoir...; ce qui caractérise un crime de....., prévu par l'art. ... du Code pénal, pouvant donner lieu à une peine afflictive, ou à une peine infamante;

La chambre ordonne que les pièces d'instruction, le procès-verbal du ....., et un état des pièces servant à conviction, seront adressés au procureur général impérial, pour être procédé ainsi qu'il appartiendra :

Ordonne en outre qu'en conformité de l'art. 134 du Code d'instruction, ledit..... (*désigner ici les noms, prénoms, âge, profession, domicile et signalement du prévenu, s'ils sont connus.*) sera pris au corps, et conduit dans la maison de justice qui sera désignée par la cour impériale.

(Nota. *Le tribunal ne peut pas désigner la maison de justice, puisqu'il ne doit pas préjuger la cour devant laquelle le prévenu doit être traduit par la cour impériale; aussi l'ordonnance de prise de corps ne peut-elle être mise* à exécution qu'après que la cour impériale a statué sur la mise en accusation.)

Fait à ...., le ...., en la chambre du conseil, où étaient présents les juges...., qui ont signé.

Autre Formule d'une Dénonciation.

Du...., par-devant nous...., procureur impérial de l'arrondissement de ....

Jacques...., demeurant à ...., s'est présenté devant nous, et nous a déclaré que passant dans la rue...., ce-jourd'hui six heures du matin, il avait aperçu deux hommes vêtus de...., taille de...., lesquels, armés chacun d'un fusil, s'étaient saisis d'un particulier sortant d'une maison sur ladite rue numérotée...., lequel malgré sa résistance et après l'avoir maltraité, ils avaient emmené et fait entrer par force dans une voiture qui se trouvait au coin de ladite rue...., vis-à-vis une maison où on entre par une allée étroite, fermée d'une petite porte; que là lesdits particuliers et la personne par eux enlevée, étaient descendus et entrés dans ladite allée dont la porte a été sur-le-champ fermée; que ledit.... et deux voisins qu'il a conduits par-devant nous pour déposer desdits faits s'étant approchés et ayant prêté l'oreille, ils entendirent une voix qu'ils croient être celle du particulier maltraité, qui s'exhalait en reproches contre les violences exercées envers un citoyen innocent; que ledit.... et les autres témoins ayant demandé au cocher qui conduisait ladite voiture s'il connaissait les personnes entrées dans ladite maison, il leur répondit qu'il soupçonnait, etc. (*on détaille toutes les circonstances*); que ledit...., certain que la maison où avait été conduit le particulier enlevé en sa présence n'était pas un lieu de détention, et convaincu que cet attentat à la liberté d'un citoyen ne pouvait être que l'effet d'un abus d'autorité, ou d'un complot criminel, venait nous dénoncer ce délit, dont les témoins qu'il avait amenés attesteraient les circonstances qui sont à leur connaissance.

Lesdits...., demeurant à ...., témoins amenés par.... nous ont dit savoir...., et l'autre....; et comme leurs déclarations sont conformes à la dénonciation ci-dessus, et que le fait y contenu, s'il était avéré serait un délit punissable; qu'il paraît même par ladite dénonciation et déclaration que le délit est encore flagrant, nous disons qu'en conformité des articles 32 et 616 du Code d'instruction, nous nous transporterons rue...., maison de...., à l'effet d'y faire perquisition, et d'y prendre tous les renseignemens et éclaircissemens nécessaires, pour ensuite être par nous requis ce qu'il appartiendra. En conséquence, nous avons donné avis de notre transport au juge d'instruction de l'arrondissement, et fait requérir le commissaire de police de se rendre dans ladite maison pour assister à ladite perquisition. (*Signé....., le dénonciateur, les témoins et le procureur impérial.*)

Formule d'un Arrêt de renvoi, de Liberté ou d'Accusation rendu par la cour impériale.

Sur le rapport fait par le procureur général à la cour impériale, première section criminelle, séant à...., de la procédure instruite contre...., par le juge d'instruction de...., de laquelle il résulte.... (*Il faut ici analyser le fait.*)

Vu par la cour toutes les pièces du procès, ainsi que les mémoires produits par la partie civile et par le prévenu (*s'il en a été remis*), dont il a été donné lecture par le greffier, et qui ont été laissés sur le bureau;

Le procureur général et le greffier s'étant retirés;

Vu pareillement la réquisition écrite du procureur général, don la teneur suit....

Après en avoir délibéré:

Considérant (*dans le cas de l'article 220*), que le fait imputé à.... présente les caractères d'un crime ou d'un délit dont la connaissance est réservée à la haute cour impériale, ou à la cour de cassation, *ou* que le prévenu est justiciable de la haute cour impériale, *ou* de la cour de cassation, à raison de ses fonctions, en conformité de l'article..... du sénatus-consulte organique du 28 floréal an 12; ou du Code d'instruction.

Faisant droit sur le réquisitoire du procureur général,

La cour ordonne que les poursuites demeureront suspendues, et que les pièces et procédures seront adressées à M. le grand procureur général impérial près la haute cour impériale, ou à M. le procureur général près la cour de cassation.

Considérant (*dans le cas de l'article 229*), que le fait imputé au prévenu ne présente point les caractères d'un crime, d'un délit, ni d'une contravention prévue par la loi, ou que la procédure et l'instruction ne fournissent pas des indices suffisants contre le prévenu :

La cour déclare qu'il n'y a pas lieu à poursuivre contre ledit....; et faisant droit sur l'opposition formée par...., à l'ordonnance de mise en liberté dudit...., prononcée par la chambre du conseil du tribunal de....; sans s'arrêter à ladite opposition, la cour ordonne que la susdite ordonnance sera exécutée; en conséquence que ledit.... sera sur-le-champ mis en liberté, s'il n'est détenu pour autre cause.

(*Dans le cas de l'article 230*), considérant que le fait dont est prévenu ledit.... présente les caractères d'une simple contravention de police :

La cour renvoie le procès dont s'agit au tribunal de police de.... pour y être procédé ainsi qu'il appartiendra; ordonne que ledit..... sera mis sur-le-champ en liberté, s'il n'est détenu pour autre cause. — *Ou* la cour renvoie le procès dont s'agit devant le tribunal de police correctionnelle de...., etc.

(*Dans le cas de l'article 231*), considérant qu'il résulte de ces faits que ledit.... est suffisamment prévenu d'avoir commis volontairemens et avec préméditation un homicide sur la personne de...; *ou* que lesdits tel et tel sont suffisamment prévenus d'avoir, de complicité, soustrait frauduleusement des effets et marchandises appartenant à....., dans une maison où ils se sont introduits à l'aide d'effraction extérieure; l'un d'eux étant porteur d'une arme à feu dont il a menacé de faire usage contre l'un des domestiques de ladite maison, crime prévu par l'article.... du Code pénal, de la compétence de la cour d'assises, ou de la cour spéciale, aux termes de l'article.... du Code d'instruction criminelle. (*Nota. Il faut avoir soin d'énoncer en détail les circonstances aggravantes ou atténuantes qui caractérissent le délit, cette partie de l'arrêt devant servir de type au résumé de l'acte d'accusation.*)

La cour déclare qu'il y a lieu à accusation contre lesdits....;

Renvoie les prévenus à la cour d'assises du département de....., qui tiendra sa séance à....., pour y être jugés selon la loi; à l'effet de quoi il sera dressé acte d'accusation par le procureur général.

Ordonne que toutes les pièces et procédures seront envoyées au greffe du tribunal civil du département de.....,

I. C.   19

et que l'ordonnance de prise de corps décernée contre lesdits.... par la chambre du conseil du tribunal de....,
dont la teneur suit, sera exécutée selon sa forme et teneur.

Suit l'ordonnance de prise de corps.

Ordonne, en conséquence, que lesdits.... seront conduits dans la maison de justice du tribunal de...., en
conformité de l'art. 233 du Code d'instruction, et qu'ils
seront écroués sur le registre de ladite maison.

Mandons et ordonnons, etc.

(*Dans le cas où la chambre du conseil du tribunal de
première instance n'aurait pas décerné l'ordonnance de
prise de corps; qu'elle aurait au contraire ordonné la mise
en liberté des prévenus, et qu'il y aurait opposition à
cette ordonnance.*)

Faisant droit à l'opposition formée par:... à l'ordonnance de mise en liberté prononcée par la chambre du
conseil du tribunal de...., le....

La cour annulle ladite ordonnance de mise en liberté.

Ordonne, en vertu des art. 231 et 233 du Code d'instruction, que lesdits.... (*désigner ici les noms, prénoms,
profession, domicile, âge et signalement des accusés*) seront
pris au corps, et conduits directement en la maison de
justice près du tribunal de...., sur le registre de laquelle
maison ils seront écroués.

Mande et ordonne de mettre à exécution le présent
arrêt, dont il sera laissé copie auxdits.....

Fait à... le... en la chambre du conseil, où étaient
présents... président et juges en la cour, qui ont signé la
minute du présent.

*Nota. Cet arrêt contenant ordonnance de prise de
corps doit être expédié en forme exécutoriale.*

Formule d'une Ordonnance de se représenter lorsqu'il faut instruire par contumace en conformité de l'art. 465 du Code d'instruction.

Nous, etc.... président du tribunal de première instance
de.., suppléant M. le président des assises du département
de... en son absence;

Vu, 1° l'arrêt d'accusation rendu le.... par la cour
impériale de.... contre...., accusé de....; ledit arrêt

contenant l'ordonnance de prise de corps décernée contre ledit.....

2.° L'acte de notification fait le.... du susdit suivant, par...., huissier, tant du susdit arrêt que de l'acte d'accusation au domicile dudit...., accusé.

Attendu qu'il s'est écoulé plus de dix jours depuis que ledit arrêt d'accusation a été notifié audit...., sans qu'il se soit constitué:

Ordonnons, en exécution de l'art. 465 du Code d'instruction, audit...: de se représenter dans un nouveau délai de dix jours devant la cour de.... pour y être jugé sur ladite accusation; sinon il sera déclaré rebelle à la loi, suspendu de l'exercice des droits de citoyen, ses biens seront séquestrés pendant l'instruction de la contumace, toute action en justice lui sera interdite pendant le même temps, et il sera procédé contre lui conformément à la loi.

Déclarons en outre que toute personne est tenue d'indiquer le lieu où se trouve ledit....

Ordonnons que notre présente ordonnance sera publiée à son de trompe ou de caisse le plus prochain dimanche, et affiché à la porte du domicile dudit...., à celle du maire de ladite commune, à celle de l'auditoire de la cour de..... et qu'il en sera adressé copie au directeur des domaines et de l'enregistrement, en conformité de l'article 465 du même Code.

Fait et donné au palais de justice, le....

Formule d'une Publication et Affiche de l'ordonnance ci-dessus.

L'an.... le dimanche.... du mois de.... à ... heures du matin, à la requête de M. le procureur général près la cour impériale de...., je .... (*noms, prénoms, immatricule et demeure de l'huissier*) soussigné, m'étant transporté à (*le nom de la commune*) au-devant du domicile, ou du dernier domicile connu, de...., accusé, situé rue de...., n°...., après avoir fait sonner de la trompette ou battre de la caisse par (*le nom*) en la manière accoutumée, j'ai lu et publié à haute et intelligible voix l'ordonnance rendue le.... du mois d.... par (*désigner ici si elle est rendue par le président de la cour d'assises, ou par le président de la cour spéciale, ou par celui de première instance*), portant ordre audit.... de se représenter dans dix jours devant la cour de.... pour être jugé sur l'accusation porté contre lui sous les peines portées par ladite ordonnance, et portant aussi que toute personne est tenue d'indiquer le lieu où se trouve ledit...., afin que personne ne l'ignore; et j'ai à l'instant affiché copie de ladite ordonnance et du présent procès-verbal à la porte du domicile dudit.... Et m'étant de suite rendu à la porte de M. le maire de ladite commune de. .., et successivement au-devant de la porte de l'auditoire de la cour d...., après avoir également fait sonner de la trompette ou battre de la caisse par le nommé...., j'ai fait semblable lecture, publication et affiche, tant à la porte de M. le maire qu'à celle dudit auditoire.

De tout quoi j'ai fait et dressé le présent procès-verbal le susdit jour et an.